夢からの不思議なメッセージ

改訂版

けやき出版

はじめに

私は、ほんの少しですが、霊感めいたものをもっているのかもしれません。

これから私がお話しすること全てが、実際にあったことです。

本作は、夢のメッセージ（不思議な現象）がどうして起こるようになったのかを、体験を通し、私なりに解き明かしたものです。

夢については、昔から神仏のお告げとか前兆とされていました。それだけ夢の不思議さを感じている人が古くから存在していたことになります。現代でも噂のようなものは耳にしますし、決して特定の人にだけいえることではないのです。

何はともあれ、読者の皆様も、夢に一歩近づくことからスタートしてください。それがあなた自身の力を覚醒させる糸口となり、近い将来、私以上の夢のメッセージを受け取れる日が来るかもしれません。

目　次

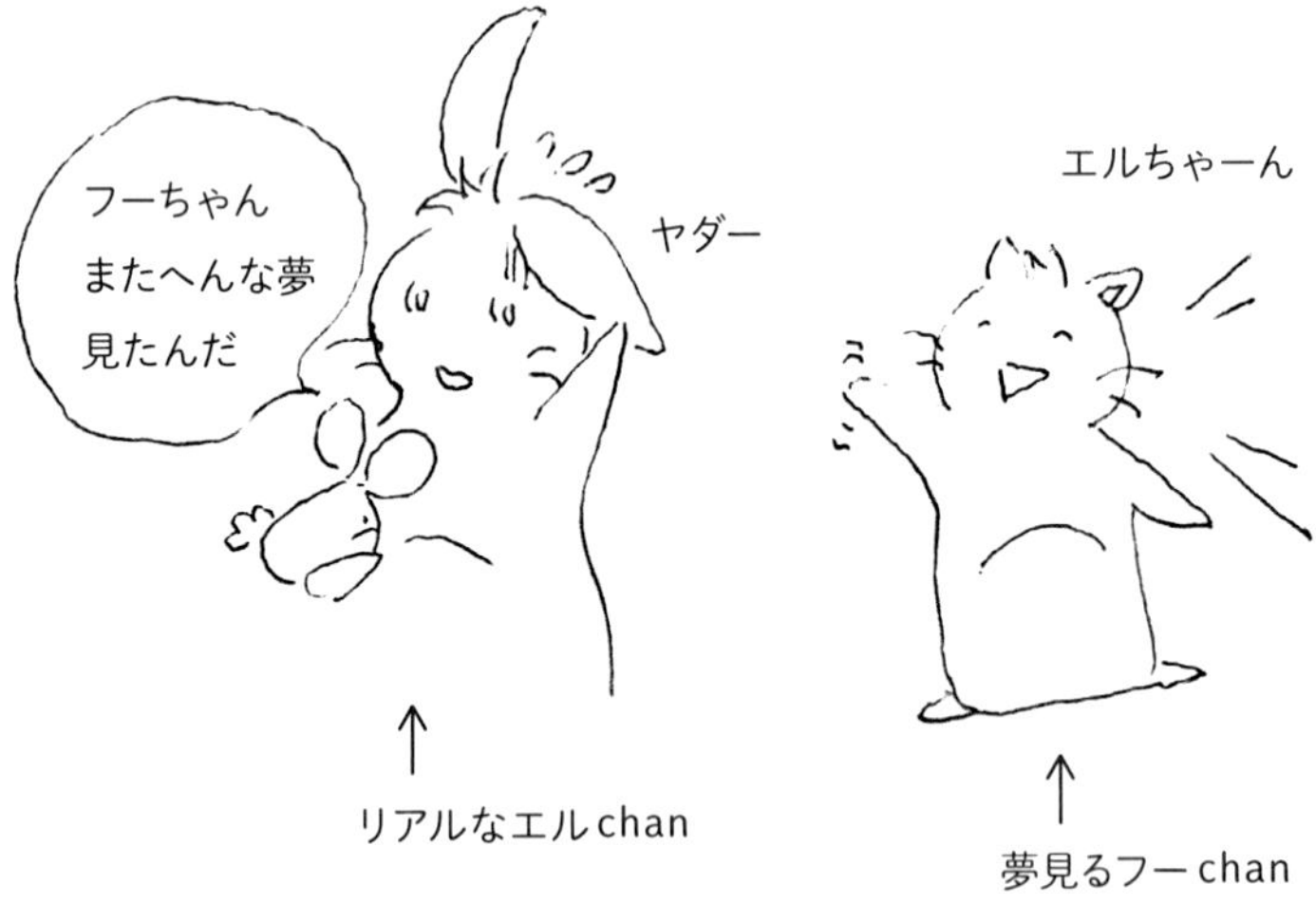
フーちゃん
またへんな夢
見たんだ
ヤダー
エルちゃーん
リアルなエルchan
夢見るフーchan

Ⅰ章

ある日の不思議

二〇〇一（平成一三）年のある日、私の家のキッチンの東側の窓に、朝日の木漏れ日と共に直径五センチ程の丸い光がポツンとあるのに気付きました。

何時頃かと言えば、朝の七時か八時頃ではなかったかと思います。

食卓での私の席は、東側の窓を左とする位置で、その方向に顔を向けなければ気付かないような、偶然に見つけた感じでした。

その場には、私の娘（当時一八歳）も朝食を終えたばかりで居合わせてはいたのですが、席は東側の窓を背にする形となり、気付く位置ではなかったのです。

丸い光の存在を、敢えて娘には言いませんでした。別にそこまで気にするような事とは思っていなかったからです。

そうこうしているうちにその丸い光から、木漏れ日とは違う眩しい光を受けたような気がしたのです。本当に眩し過ぎる程の光です。目を開けていられないような強さをもった光だったのを記憶しています。

ひょっとしてこれは、義父が発した光？と感じたのは、義父の初七日から四十九日の法要までの期間中に起きた出来事だったからで、今思えば、私に何かを訴えかけようとしての義父の心（魂）の表れだったのかもしれません。

その頃から私なりに夢の記録をするようになっていたことを、実は今回、体験をまとめようと辿ってみて知ったのです。

以前から夢には興味があり、夢判断などについて書かれた本を購入してはいました。ですが、あまり活用してはいなかったような気がします。たまに夢を見て、その夢が吉夢なのか、凶夢なのか、を判断するだけに使っていたのです。

「夢日記」という言葉についても、全く聞き覚えがない訳ではなかったのですが、今一つ必要性や重要性がわからなかったのです。何のために記録するのか？ そんな疑問から、夢に対しての興味も薄れていました。

なのにその頃から、偶然なのかどうかはわからないものの、私の夢に変化が表れ、不思議さを感じるようになったのです。以後、そうしたものを感じた時にだけ、見た夢を記録しようと考えました。

ここで、私の夢の記録の一部をご紹介したいと思います。

二〇〇二（平成一四）年一月二七日
（午前六時頃からの雷鳴を耳にしつつ、軽い眠りの中で見た夢）
広い国道の交差点、店らしき建物が二軒位あり、数台の車はあっても動きがない。自分自身の視点は上から下を見下ろしていて、まるで宙に浮いている感じ。辺りは明るく、晴天の景観でもあり早朝の雰囲気がした。（そんな一瞬の一場面のような夢）

二〇〇二（平成一四年）一〇月
夜空に鳥の星座が大きくあり、その横に橋のような星座もある。流れ星が走るのを見て自分の願いを呟き祈っていると、星座の近くで花火がいくつか上がる。広がるその花火は駅の方角から打ち上げられていると実母に話し、外に出ようとする（そこで目が覚める）。

二〇〇三（平成一五）年一一月二四日
（この頃、三回目の個展を開いていた）
大きな魚がこちらに向かって泳いでくる。鯉のようなその魚が眼の前でピチピチ跳ねている。全部で三匹で、辺りは暗い川のようであった。

二〇〇四（平成一六）年一月一一日

大きな満月が出ていて、私は手を合わせている。空には多少の雲はあるが、月を遮っている訳ではない（三日前の朝、西の空に白く少し欠けた丸い月を見たため、印象深く残っていたのかもしれない）。

二〇〇四（平成一六）年七月一一日

広い何もない所に、何人か人が集まって来ていた。地面は堅く、小さな粒のような石がバラバラあった。私は仕事の事でその地を訪れているらしい。車から降りた時、もう一台の車から誰かが降りたような気がした。

二〇〇五（平成一七）年二月二五日

お土産屋さんのような所で主人の湯飲み茶碗を探しているのだが、男性用は大き過ぎ、小さいものというと女性用しかなく、良さそうなものがない。お土産屋さんの外には、きれいな水色に、白く勢いのある波、そんな海らしき光景がほんの少し見えた。

二〇〇五（平成一七）年三月一四日

神棚に上げてあるお茶碗を小さなガラスのコップに換え、水を入れお供えしたようなのだが、そのきれいな水のかさが少し減ってしまう（神棚のお茶碗の大きさが気になり、ガラスのコップと二つ供えようか、それともガラスのコップだけ供えようか、と一時考えていたことがあった）。

二〇〇五（平成一七）年三月二九日

二軒のデパートを行ったり来たりする。どちらも工事中で入ることができず、どこかの部屋に戻って来る。（ここでふと一変する）富士山がはっきりと大きく見える。一筋何かが邪魔をしている。左側はオレンジ色になっている。とにかく雄大だ。自分の前を歩いている娘に呼びかけ、富士山の存在に気付かせようとする。娘が見る間もなく、一瞬にしてその姿は消えてしまった。

二〇〇五（平成一七）年五月二七日

雷鳴を聞いた。ほんの少し光ったかと思われた後、雷の苦手な私は耳を塞いだ。同時に強烈な雷鳴音がした。

二〇〇五（平成一七）年五月三〇日

友人Sが私にメモを渡してきた。何度か話す機会を狙っていたようなのである。話の内容というのが何やら裁判めいた事になっていての相談らしく、私も自分の病気の事などを話そうと店に誘った（友人Sとは交友関係が上手くいっていない。そのためか、彼女の夢は時々見ることがある）。

二〇〇五（平成一七）年八月

（昼間見た夢）

大きな船に乗り、甲板にいる。左の方に青いものが見える。台形で山のようでもある。隣には確かに山の姿があり、一つの風景を創っている。船には出航する気配がまるでなく、動きがない（この夢を見た後に、病院の帰りに駅方面に車を走らせてみると、ちょうど夢と同じ青い台形型の山が、通っている道の正面より少し横にずれた位置に一瞬見えたのである。しかもその山の色は必ずしも青色をしている訳ではなく偶然だった、普通の山の色の時もあることが後にわかったのである）。

こうして書き記したものを見直してみて、夢の不思議さに気付いた次第です。読者の皆様も、朝、目覚めた時に夢の記憶が少しでも残っていたならば、まずそこから記録していくと、徐々に興味がもてるようになると思うのです。

江原啓之著の『スピリチュアル・セルフ・ヒーリング』の中の夢セラピーの一部に、「夢から何かを得ようとするのは無理な事であり、後になって気付かされるのが夢のメッセージ」とありますが、私の言う夢の不思議さというのは、親しめば親しむ程、夢が自然に答えてくれるというものです。いわば、霊感のようなメッセージを得ることが可能になってくると表現した方が妥当なのかもしれません。それについては、この後、体験をもとにお話ししていきます。

今まで私は、霊感という言葉についての意味を間違えていたような気がします。読んだままの感覚で捉えていたのです。つまり霊感をもっている人というのは、霊を感じる（見る）ことのできる人をいうのだと思っていました。ですが、意味を調べてみると、

①　突然閃くように得た考え

②　神仏の不思議な感応

③ テレパシー

となっていたのです。

この三つの中で、私の体験にピッタリくるのは、②の神仏の不思議な感応です。「感応」という言葉をさらにわかりやすく言うと、「物に感じて心が働く事」となります。私の場合、基盤となるのは「夢」ですが、条件としては「Ⅱ」章の「物への意識」も加わってきます。

それでは、初めに夢と現実との合致から気になった出来事のいくつかをお話ししましょう。

親子で見た夢

ある時、久々に帰ってきた娘（当時、大学生）と夢の話になり、仰天せざるを得なかった事が一度だけありました。そう、夢の合致です。夢を見た日は私の方が早いのですが、内容が全く同じなのです。

娘の話では二、三日前に、「腹部をナイフで刺された夢を見た」といい、刺された部位を指差しながら「すごく嫌な夢だった」と言うのです。

すかさず私も同じ夢を見たことを話しました。そして一番驚いたのは、指差した部位が左側の丁度同じ辺りだったのです。当然二人とも、何だろうと疑問は膨らむばかり。そこで私は消化器系の検査を受けてみることにしたのです。年齢と共に誰もが経験しそうな腸と胃カメラの検査です。結果は、胃に二ミリのポリープがあり病理に出されました。腸にも四ミリのポリープが見つかったのですが、五ミリ以上の大きさでなければ切除しなくても良いと言われたため経過観察することになりました。

それから半年が過ぎた年明けに、夢のことも何となく気になっていたので切除することにしたのですが、切除後には、当然ながら痛みを感じていました。そしてその痛みの箇所を押さえた時、夢で見たナイフで刺された箇所と全く同じである事に気付いたのです。

夢からのメッセージには、このように病気を知らせたり、あるいは体の変調に気付かせてくれる、という事もあるようです。

もしそうなのであれば、同じ夢を見た娘の方はどうなのでしょう。別にその後、娘からは何もいってきませんので、やはり親子故に感知した夢だったのかもしれません。

お話をしていく上で「Ⅰ」章、「Ⅱ」章、「Ⅳ」章において日付が前後している部分がありますがご容赦ください。

入院先で見た置物の不思議

二〇〇四（平成一六）年の夏、近くの病院で検査（超音波）を受けた後、体に痛みを感じていたため、病院に電話をかけてみたのです。

すると逆に、「今、電話をしようと思っていた処です。近々こちらに来られないでしょうか」と言うのです。もう検査の痛みどころの話ではなくなってしまいました。

二日後に出向くと、ある病気の疑いをかけられているにもかかわらず、「治療することも予防することもできない」という医師の答えでした。

病気の怖さと不安とで、どうしたら良いのかわからなくなり、気持ちが暗くなっていくのを感じました。一〇月頃には新しい機械が導入されるからとの事でしたが、あくまで検査を意味していて、治療に結び付いていくのかは定かではありませんでした。それでも近くで大きな病院といえばその病院しかなかったので、検査の予約をして待つことにしたのです。

数日後、どうしても不安を消すことができず、他の病院の事を考え始めていました。そして、車で一時間半はたっぷりかかる鴨川の病院へ行く決心をしたのです。勿論電車やバスを使っても行く事はできましたが、車の方が便利だと感じていました。

私は主人に頼み、連れて行ってもらう事にしたのです。その頃は運転歴が六、七年、買い物時に運転するだけの私には遠出は無理なのではと思っていましたし、何よりも初めての病院で一人で診察を受けるのがやはり不安だったのです。

病院への予約が取れ、診察を受けたのは九月頃でした。結果、一二月に手術が決まり、その間は色々な検査予定が組まれていたため、毎回主人を頼る訳にもいかず、一人で通院する事もありました。

その後、入院して手術日までの間、病院内をあちらこちらと歩いて散策する事は可能でした。病室は四階で、必要なものを揃えるための売店は一階、図書室は八階となっていました。エレベーターは使わず、病気を撃退する意味で必ず階段を使っていました。それに階段側の窓からは海を眺める事ができましたので、窓は開けられないものの気分を変えるのには良かったのです。

病院の消灯時間は午後九時です。私はかえって静かになるその時間に病室を抜け出し、電話をかけたり、八階の窓からの景色を見に行ったりで、ベッドに横になるという事は、手術後でさえも余りしていませんでした。病室も人数の多い四人部屋でしたので、一人静かな自由時間を求めたのかもしれません。

その自由時間を使い、偶には目的なしで下の三階にも行ってみようと考えたのです。案の定、四階と似た感じにはなっていたのですが、休憩できる場所の隣にある大きな置物が目についたのです。

瞬間、寒気のようなものを感じました。いつ頃見た夢だったか、記録していなかったために不明ですが、確かに夢で見た覚えがあったのです。

私は怖くなり、すぐに病室に戻りました。夜の九時過ぎに静まりかえった病院内で見た事もあり、尚更怖さを感じたのかもしれません。

翌朝、どうしても置物のことが気になり、もう一度よく見てみようと階段をゆっくりと下り、近付いてみました。

朝日の明るさから昨夜のような怖さはありませんでした。ただ、置物の形だけが異様に感じられ、どう見ても多少の不気味さがありました。二メートル位の高さのある流木のようで、いくつも枝分かれしていて、何かを形成しているようにも見えました。

私が見た夢というのは、同じような置物が置かれている夢で、やはり異様に見えていたせいで脳裏に残っていたのだと思います。でも、それが今どうしてこんな場所で？と考えれば、置物に誘われた感じも多少ながらしてきます。その場から立ち去ろうとした時、下の方に「寄贈」と書かれてあり、この病院に贈られたものだという事がわかりました。

ここで注釈めいた事を一つだけ言いたいのですが、過去に見た夢が現実と符合した場合、夢の全部ではあり得ないという事です。つまり、夢の何から何までがピッタリ同じというのは考えられないと思うのです。

高い霊能力をもつとされる人でも同じ人間なのですから、ストーリー性のある夢の詳細までを予知するのは難しいはずです。

この夢の場合も、置物自体は似ているものの場所は病院ではありませんでした。ただ、広い建物の中に置かれていたものだったという記憶が薄らと残っています。

それにしても、入院する事になった病院に夢で見たものがあった、というのが不思議でなりません。

夢での既視感

同じく二〇〇四（平成一六）年頃に見た夢をお話しします。

何となく観光地のような人の賑わいを感じるような場所にいるのです。何処かの島にでも旅行に来ている感じで、自分の立っている近くには川があるのです。少し歩いて行くと駐車場もありました。唯、それだけの夢です。

処が、その夢を見た後、と言っても三年半位は経っているのですが、それにも拘わらず、その場所らしき所に立っているのです。

二〇〇七（平成一九）年九月、私はある場所（現在の勤務先）に面接を受けに行く事になっていました。

電話で場所を聞いていたもののとてもわかりにくく、役場を目印に、というその役場が中々見つかりませんでした。

迂回を繰り返し、時間に対する焦りを感じ始めた頃、国道の標識に「〇〇町役場」

の文字を見つけたのです。

信号を右折し、どうにか役場内に車を駐車させ、そこから目的の建物を探そうとしてふと見上げると、道路を挟んだ反対側、目と鼻の先に建っているのが見えたのです。そして、その道路を横断しようとした時でした。

夢で見た所と似ている……そんな感じを受けたのです。平日なのにやたら人や車が行き交い、その様子が私には賑やかに見えました。

その夢を見てから三年以上もの時間の経過がありますし又、私自身も当時、別の場所をイメージしたりしていたのです。その後の二〇〇四（平成一六）年七月一一日（※十三ページ記載の夢）という記録を見ていて、先程の夢から数ヵ月後という事になりますが、「駐車場」というキーワードがあるせいか、二つの夢が関連しているように思えてきたのです。

七月一一日の夢で、「広い何もない所に、何人か人が集まって来ていた。地面は堅く、小さな粒のような石がバラバラあった。私は仕事の事でその地を訪れているらしい。車から降りた時、もう一台の車から誰かが降りたような気がした」とあったのです。

結局、面接を受け、無事に採用となり、勤務することになったのですが、駐車場はといえば職場から一〇〇メートル位離れた所にあり、小さな粒のような石ではありませんが、堅い地面に石を敷いた感じにはなっています。又、夢に出てくる川については、職場から南西の方角で、三〇〇メートル程の所に流れています。

夢を上手く判断していくためには、インスピレーションも重要な事項になっていきます。

インスピレーションとは、閃きとか霊感を意味します。

私も、時としてインスピレーションを感じる事があります。

夢の話ではないので余談になりますが、夏のある日、ふと景色を見ていると、雪が積もっている景色が目の前に浮かぶのです。何気に今年の冬は、雪が降るのかなと思ったりした事があります。そして、その年の冬に雪は積もりました。私の住んでいる所は関東の平野部にあるので積雪は稀なのです。

この時、思っていた事が当たったのだな、という気持ち位で、インスピレーションという言葉の妥当性を自分自身、感じていませんでした。ですから、偶然性も否定できなくはありません。

それでも、その閃きは夢を判断するための重要な役割を果たす事に繋がり、逆に夢を判断するうちに感受性が高まり、インスピレーションを感じるようになっていく事もあるといえるのです。

切れた線路（レール）と空白の時間

一九九七（平成九）年頃に見た夢です。

当時、私は市内の飲食店の事務所で短時間のパートをしていました。事務所までは、自転車で約二〇分、雨の日は歩いたりもしました。

四年程、勤めた辺りから大分疲労が溜まったような気がしたものです。

そんな時でした。ちょっとした予知夢と思える夢を見たのです。それは、電車が走るような線路（レール）の夢でした。

スタート地点と思われる手前側の部分のレールはあるのですが、その先何百メートル？（長さは定かではありません）のレールがないのです。そして、切れたレールの先には又レールが続いていて、永遠と続くような霞んだ感じになっていました。

ここで一つだけ夢を見た時のポイントをお話ししますと、どんな夢に対しても、「何故、そのような夢を見たか」という自問が必要なのです。そこからメッセージを拾うのです。

勿論、メッセージ的な要素を含まない時もあります。端的に言えば、体調、精神的苦痛（悩み、疲労など）への意識が強すぎてしまった場合です。メッセージか否か、という判断をするためには、まず自己の状態を把握する事が大事なのです。

秋山さと子著『夢で自分がわかる本』でも、夢の世界を知る事は自分を深く知る事にもなり、自分を深く知る事は、周囲の他人も現実も見えてくるようになる、とも記されています。

ここで先程の夢についてなのですが、私が想定したのは職場（仕事）でした。そして、気になったのはレールが途中で切れていた事です。そのレールの切れ目が、仕事を辞めてしまうような感覚同様に思えてきたからです。

しかし、辞めようなどと思った事は、その頃全くありませんでした。結局、そのメッセージを把握できないままに通勤していました。

処が、それから一年も経たないうちに、自ら急に辞めてしまったのです。疲労からの体調不良やら何らかの不満やらで、仕事の内容自体は向いていたはずなのに、自分の意志を止める事ができなかったのです。

辞めた後、暫くの間は、ゆっくりと自分の時間を堪能していたのですが、短時間のパートをしたい病が時と共に疼くようになり、再び仕事を探し始めたのです。

けれども、一向に自分が働けそうな所がないのです。年齢は三〇歳後半ではありましたが、面接を受けても受からず、履歴書を何枚書いたかわかりません。確かに雇われる側であるこちらに条件がなかった訳ではないので、駄目でも仕方がなかったのだと思います。

そして、夢のことを意識した時、あのレールのない所に、今の自分の状態が当てはまっているように感じられたのです。

結局、前項「夢での既視感」でお話しした所に決まるまでの間が約一〇年、古いいい方をすれば「一昔」（昔と感じられる程度の過去で十年一昔とも言います）の時間の経過があったのです。

ここで、少し予知的な夢について触れたいのですが、私が今までお話ししてきました夢などでは、現実にその事象が起こるまでの時間がかなりかかっているものとそうでないものとがあるのです。

「予知」とは「予見」と同じで、物事が起こる前に見通す事なので、時間的には近い将来に対しては、「正夢」と解すべきでしょう。

又、時間的にかかってしまっているもので、インスピレーションを感じられるものというのは、「予知」として何らかのメッセージと捉えられます。

何度も言うようですが、ほんの少しでも気持ちが向くようでしたら、夢の記録（メモ）から始めてみてください。すぐに変化を認められるものではないかもしれませんが、意識するという事が最初の第一歩となるのです。

美輪明宏著『微笑みの首飾り』の「龍女成仏」の中で、夢を見るという事は、霊的能力を誰もが持ち、唯、夢だから信じられないという事になり、「正夢」も正夢かしらで忘れてしまい、自分に存在する霊能力を信じない状態にいる、といった事が記されています。

「もしかして正夢?」と感じた事がありましたら、それはもう夢の扉に手が届いている訳ですから、あと必要なのは扉を押す力だけなのです。

ここで、もう一つだけお話しします。

二〇〇五(平成一七)年の何時かははっきりしませんが、私の主人が病気のために高熱を出す事が時々あり、それも突発的で、上がった熱もすぐに薬で下がらず、一二、三日は安心できなかったのを覚えています。その後、船橋の病院で温熱療法を受けるようになり、熱の心配はなくなったのですが、その夢を見た時はまだ、熱に悩まされていた頃の事です。

私は毎朝、神棚にお水をお供えしているのですが、そのお水がお湯に変わってしまうのです。「何だろう?変な夢を見たなあ」と思っていると、起き抜けに主人が熱があるというのです。その時も三八度以上の熱が出ていて、私は急いで薬や冷用枕を用意するなど、朝からバタバタした日となったのです。

この場合の夢は、前述しました、「正夢」と解釈したいと思います。

夢判断について

私が絶賛している夢判断の本と言えば、『吉凶早引夢判断宝典』（高島易断所總本部編纂・神榮館）です。

この冊子と出合ったのはまだ独身の頃で、一九七九（昭和五四）年か一九八〇（昭和五五）年だったと思います。現在も、私が購入した当時と変わらずに、千葉県の成田山新勝寺の境内で売られています。

冊子には、『周公釈夢』（外四書）からの抜粋と記されていて、少々古い感じの冊子です。

天、地、人の夢の他、衣服、動植物、神仏、異の夢など、一二の項目から構成され、引きやすくなっています。

私なりにこの冊子中で重要だと思えるのは、夢判断への慎重性を謳っている所にあります。つまり、むやみやたらな判断は禁物なのです。

夢に興味をもち始めた時というのは、自分の見た夢を占ってみたいと思うのはごく自然な事です。けれどもピッタリと当てはまったものばかりではありません。

例えばこの冊子の場合もそうなのですが、大方が「名詞」で引けるようになっていて、その名詞を元に様々な状態があげられ、自分の見た夢と同じ、又は似たような事があれば、吉夢であるか凶夢であるかの判断がつけられるようになっています。

しかし、名詞で引く事ができても、見た夢の内容に違いがあって判断するのに無理があったり、引こうとしている名詞までもが見当たらなかったり、あやふやな夢だったりというのは、吉夢でも凶夢でもない、いい方を換えれば良くも悪くもないと解釈し、気に留めないことです。

私の場合、引けなかった夢というのは、「色」でした。他の夢占いの本で引いてみたりはしましたが、中間色系のものは載っていませんでした。時折、ストーリー中に色が気に掛かる場合があるのです。とはいえ、いくら何でも何十色などという記載はあり得ないのかもしれません。

そしてもう一点、この冊子には、「我々の夢の中に、偶々記憶の下積みとなった古い事柄が浮かんできたり、普通では感じられないものを感じたりして、我が夢が我れ自身を安全、幸運の方向に導く」と記されています。この言葉には、正に夢の不思議を誰もが感じられる事を証明しています。唯、夢の不思議つまりメッセージを受けとるには、やはり興味を持ち親しむ事は不可欠であり、感性を向上させる事が大切なのです。

私がこの「夢判断の本」を用いるのは、大方記録するためです。当然ではありますが、自身で凶夢と判断したものは記録しません。

その根底には昔、夢が神仏のお告げと信じられ、年頭に吉夢を見ると幸福な年でいられるとされていて、上から読んでも下から読んでも同じになる歌が描かれた宝船の絵を枕の下に敷き、吉夢を見たら神棚に上げ、凶夢なら川に流す（新聞広告として配布された宝船の絵の注釈文より）という事をしていたようなのです。川に流すという事は手元に残らない状態となります。吉夢だけを記録しているのは、そこに理由があるのです。『吉凶早引夢判断宝典』にも悪夢解消の秘伝として川に流す行為は記されています。

ここで「凶夢」についてお話ししたいと思います。凶夢だからといって、気にしてばかりでも困りますし、そのままというのも問題なのです。もし、対処せずにいたために災いが生じたりしたらそれこそ大変ですし、手段を講じたからといっても油断大敵なのです。

昔からの「川に流す」という行為も、今日のような騒々しい世の中では、完璧に不可能でしょう。

他によく耳にする対処法としては、凶夢を人に話す事です。その際に注意したいのは、家族とか身近な人に話してはならない、という事です。何故なら、一緒に災いに巻き込まれる恐れがあるからです。家族でも、共に生活しなければ、余り心配はないと思われますが、多少の注意は必要かもしれません。

又、『吉凶早引夢判断宝典』の幾つかある中の一つの解消法として、掌《てのひら》に魔除け風の文字（符）を描く方法があります。私は描いた後に、掌から文字が消えた時、凶夢も消えると解釈しています。別に冊子にそこまで記されてはいませんが、不思議な事にその都度消え方が違っていて、水に触れる回数が多いか否かは関係なく、早く消えてしまう時もあれば、二日位残っている時もあるからです。その方法を用いていれば、凶夢で悩む事がなく、とてもお勧めの方法といえます。

因みに、「吉夢」を見たときは絶対に話さない、という事はご存じでしょうか。私は子供の頃から聞かされていたような気がします。成就の際は、見た吉夢を話す、話さないは本人次第です。『吉凶早引夢判断宝典』にはそのような説話文も色々記されているのです。

夢の吉凶判断において、見た夢が吉夢だったから良い事があるとか、逆に凶夢だったから悪い事が起こるとか、必ずや見た夢に対しての答えが出るものではない事をつけ加えたいと思います。それはご自身で占っていくうちにわかってくるはずです。

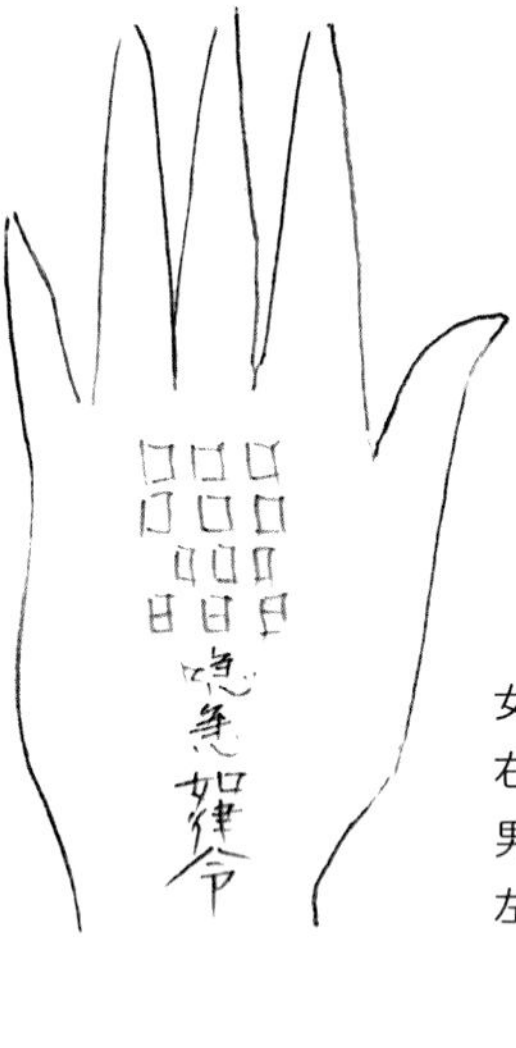

女性の場合は
右の掌に
男性の場合は
左の掌に

心理的作用で見る夢

私が夢の記録を残さない時というのは、凶夢の他に、現実性の強い心理的作用で見る夢という事にもなるのです。つまり、不思議さを感じさせないものです。

ここでは、その「現実性の強い夢」についてお話ししていきます。

私がまだ、飲食店の事務所に勤めていた頃、別の場所で事務の仕事をしていたAさんが、同じ事務所で働く事になったのです。仕事の内容も同じであったため、表面には出さないものの、どちらかがこの事務所にいれば済むのではないか、とお互いに思っていたはずです。

そんな時でした。舗装されていない道に大きな荷物が置かれている夢を見たのです。荷物の中身はわかりませんが、何故か風呂敷で包まれていました。その道を通る事を、その荷物が完璧に阻んでいるのです。

目が覚めた時、職場での悩みが夢になったのだと感じました。さほど気にしないようにしていても、自分には嘘がつけない夢の存在があるのです。

このような夢は、心の働きや状態によるものなので、自分自身を理解していれば自ずと見た夢の意味がわかってきます。ですから、夢のメッセージとの違いも明らかになってくるのです。

もう一つ、ここでお話ししておきたいのは「夢への問いかけ」です。私は何年か前に試した事があるのですが、その答えには心理的なものが関わってしまったのです。

それは、就寝時に自分の知りたい事、又は聞きたい事を祈ったうえで眠りにつくと、願いに対する返答が夢に現れると聞いたことがあったのです。

結果は自分の想像していた事が夢となっていました。その時は満足したのですが、紛れもなくメッセージではないのです。自己の心の働きによる夢だったのです。どうしてそのような結果になってしまったのかというと、多分余りにも即席だった事と、自分の心の中に「○○でありたい」という強い願望があり、その表れだったという事はいうまでもありません。

「夢の記録」と「夢日記」との違い

夢に関する本を開いてみると、よく「夢日記」の事が載っています。

「日記」とされているのですから、夢を見た時に必ず書く事を勧められていると思うのですが、私の場合には「不思議さを感じた時に書く」というものですので「夢日記」

とは少しだけ違うため、ニュアンスとして「夢の記録」としています。又、凶夢などは書き残す事をしませんのでメッセージを拾いやすいのです。

凶夢の中にメッセージがない訳ではありません。けれども、解消法を講じているのですから、例えメッセージのようなものを感じるようでも、災いの直撃から免れたり、不安な気持ちを抱え込んだりしませんし、凶夢を見ていない状態としての記録となりますので、お勧めなのです。

更には、次の章での「物への意識」も重要になってきます。

絶対に科学では説明できないものを、私たち一人ひとりが必ずもっています。それがその人自身の力なのだと私は思っています。

本書「I」章では、自分の見た夢に対してメッセージを受けるといった事が「夢の記録（メモ）」にあり、その判断についてもお話してきました。この後の「II」章では、「物への意識」の重要性、霊感的なものから来る「眠りのメッセージ」、そして「霊感」（主に主人に関すること）へとお話を少しずつ進めていきたいと思います。

お星さま
たくさんパンが
食べたいです

いい夢見ちゃった！書いとこっ…

Ⅱ章

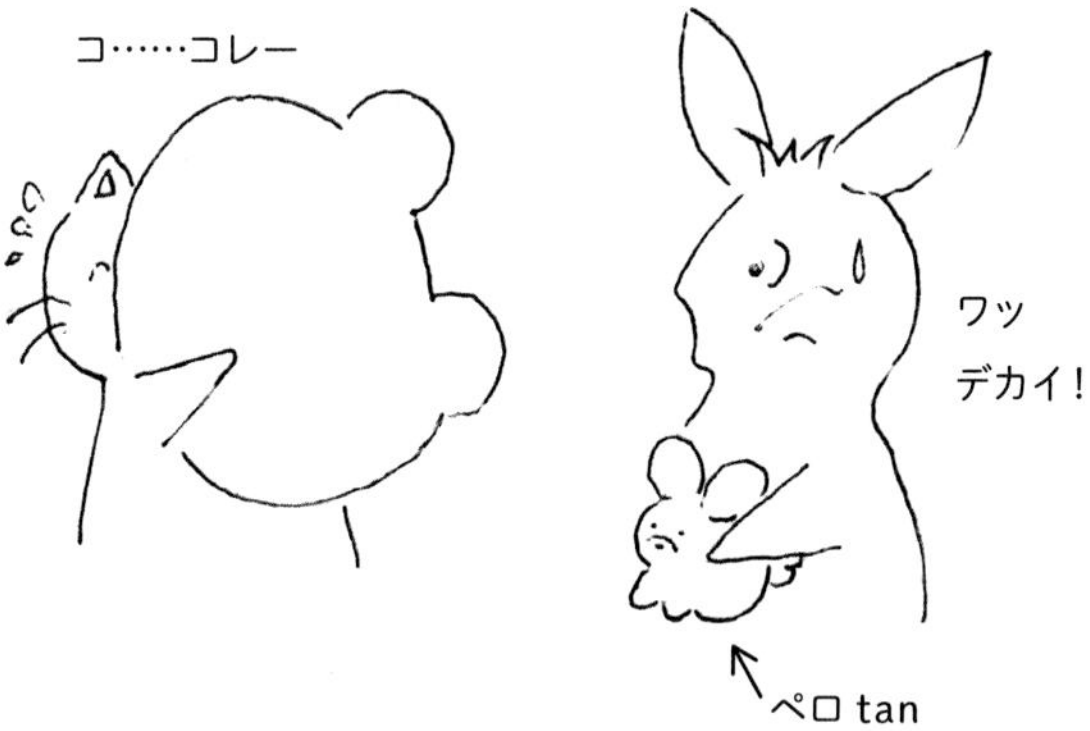

一番大切なものは？

物への意識とは

二〇〇四（平成一六）年の一月頃だったでしょうか……。深夜、叫び声を聞いたのです。それは、眠りの中で聞いた声でした。そして、私はその声の主を知っていたのです。

記憶を辿っていくと、一九九七（平成九）年頃、丁度仕事を辞めて時間を持て余し気味になり始めた時、アニメ『遊戯王』との出会いがあり、引き込まれていったのです。最初は呆然とそのテレビアニメ番組を見ているだけでした。元々、アニメや漫画は嫌いではありませんでしたが、興味をもつ事はなかったのです。

処が、そんな私が何故かそのアニメだけはストーリーが気にかかり、偶然、そのアニメの漫画本をコンビニで見つけ手にしたのです。そして、気がついた時には、毎週アニメを見ながら、一方で漫画本の発刊日を待ち侘びるようになっていました。漫画に没頭する事などなかった私を変えたその漫画の魅力とは、「物への意識」としての不思議さだったのです。

「物への意識」とは、私流の表現なのですが、平たく言えば物を大切にする気持ちというか、物にも心が宿るという事なのです。

その漫画は、読者の希望からカードゲームが主流のものになったのですが、そのカードに精霊が宿る、といった事も盛り込まれていて、私自身すごく興味がもてたのです。

それは飽くまで漫画の世界の話で、本当の処はわかりませんが、その漫画の作者の意図さえも、事に依るとカードに精霊が宿っているとされる事で、カードに対する無謀な扱いを防ぐための施策？あるいはフィクションとしてのオカルト的なストーリーの一環ではないかと思うのです。少なくとも私のような感覚は恐らくなかったのではないかと思います。

話を元に戻します。深夜の叫び声の話ですが、私が聞いたのはそのアニメ『遊戯王』の主人公の声だったのです。

漫画のストーリーを遡った時、主人公が崖から落ち、記憶が途絶えた場面があり、それが恰も深夜の叫び声と一致するように感じられたのです。

私はその時、まだ夢の事を良く知りませんでしたが、「眠りの中で聞いた声」に何かのメッセージ性があるという事を、薄らとですが感じとろうとしていたのかもしれません。

それから後の何カ月か、その漫画の終局を感じるようになり、いつ頃漫画が終わってしまうのかを気にし続けました。寝る前になると必ずと言ってよい程、「いつ終わるだろう」と思ったり、独り言のように呟いたりもしていたのです。

そんなある日の夜の事です。眠ってから一、二時間経った頃だったでしょうか。時間的にはわかりませんが、私の左手の人差し指を右掌に押し付けたところで目を覚まし、はっとしたのです。そして、六、六月なんだ、と自分自身が解釈したのです。

まるでミステリーです。実際に漫画本は六月の発行でストーリーを完結しました。前に、「夢に問いかける」という事についてお話ししました。私自身としましては余り好ましくは思っていません。でも、「もし、どうしても」という場合には、「問う」形ではなく、自然な「思い」のような感じであれば、必ず何らかの答え（メッセージ）が返ってきます。

私の場合、「物への意識」の始まりがその漫画にあった事になりますが、それは人によって違ってくるという事はいうまでもありません。

大切だと思う心の宿れる「物」は誰でも一つはあるはずです。数に限定はありません。兎に角気持ちの問題なのです。そして、その気持ちの表現として、例えばペットを飼っている方はおわかりになると思います。必ず、ものいわぬそのペットに話しかけているはずです。その繋がりは、何時の間にか掛け替えのないものに変化するでしょう。

勿論、ペットは動物であり、私たちと同じで物ではありませんが、それと全く同じなのです。つまり、対象の形が変わっただけの事であり、自身がその物の命を認める事なのです。「命」という意味には三つあり、生命、生きている間、そして、一番大切な物、とされています。

その一番大切な物への意識が重要なのです。意識とは自覚する事、心の状態や心の働きを指します。「物」に心の中で声を掛けても良いですし、今日の出来事を話してみても良いと思います。もしかすると、以前から何気なくそうしている方もいらっしゃるのではないでしょうか。

これまで「夢の記録」「物への意識」についてお話ししてきました。メッセージを上手く受け取れる状態を作っておくことが必要なのです。その事に誰もができるだけ早く気付いて欲しい、というのが私の願いでもあります。

ここからは、私の主人にまつわる事をお話ししていきます。

私の主人（夫）は、二〇〇六（平成一八）年一二月に他界しました。でも、その精神（心）は存在しています。だからこそ、悲しみ、辛さが私は半分でいられるのだと思っています。

非常ベルの音

二〇〇四（平成一六）年一一月のある夜、眠っている私の耳に、けたたましい非常ベルの音が聞こえたのです。それは、アニメ『遊戯王』の主人公の叫び声と同じ状態で、眠りの中での音だったのです。

私はその音の煩《うるさ》さに我慢できず、「何なの、この音は！」と怒鳴りたい気持ちで目を覚ますと、まるで嘘のように静かなのです。シーンとした静けさだけです。そんなベルの音が夜中に聞こえる訳がなく、しかもベルなんて何処にもないのです。勿論、目覚まし時計の音でもありません。

私は暫くの間、音の原因を考えようとしていました。すぐに思い当たりそうなのが自分の体の事でした。何故なら、数週間後に入院する事になっていたからです。けれども、そう考えるとどうしても腑に落ちないのです。

もう入院は決まっているのですから、敢えて知らせるような感じがなくても良いはずなのです。今思えば、私はその時、自分の事だけしか考える事ができなかったのです。それは、ベルの音が私の耳にのみ聞こえていたからで、メッセージの対象は本人だと考えてしまったのです。私の隣で眠っている主人の事をほんの少しは考えたものの、それ以上はまったく気に留めなかったのが大きな誤りだったのです。

それから一〇日くらい経って、主人の肌の色の変化に気付いたのです。「黄疸？ まさか……違うよね」。着ていたシャツの襟の脇からほんの少し見えただけ、という事もあり、その日は主人に声をかけませんでした。

そして次の日、私が買い物から帰ってくると、主人は早退した、と言って先に帰宅していたのです。訳を聞いてみると、職場の人たちに「顔色が悪いから、帰って病院に行った方が良い」といわれたというのです。

その日は生憎、掛かりつけの病院が休診なので、近くの医院へ二人で行ってみることにしました。すると、掛かりつけの病院があるのなら、と簡単な検査の結果を書いた紙を渡されたのです。

後日、主人は掛かりつけの病院へ行き、入院となり点滴を受けてはいましたが、肌の色は一向に戻らないままになっていたのです。

私の方も、手術を受けるなどして二週間入院しましたが、予定どおりに退院しました。そうした事もあって間も無く、主人の病気が明らかになったのです。結果、千葉の病院に移る事になり、年明けに手術と決まりました。

その時に初めて、あの眠りの中で聞いた非常ベルの意味を理解したのです。

主人の手術は八時間にも及びました。命の危険性も高かったのです。それでもその後、一カ月半位で退院しました。退院後は、二週間毎に治療を受けに通っていたのですが、何とか状態を良くするために、退院して二年目には、船橋の病院での治療も受けていました。

私は幾度か、眠りの中で聞いたベルの音の事を後悔しました。何故気付けなかったのでしょう。もし、気付くことができたら、主人の状態を少しでも悪化させずに済んだかもしれませんし、感受性の度合いがもっと高かったら…と自分自身、悔やみきれませんでした。

そして、一番最初にお話ししました、「ある日の不思議」の中での丸い光は義父が、主人の事を伝えにきてくれていたのだと思えたのです。

ここで「物への意識」を認識するようになった半年後の、友人Nの事をお話しします。五月、近くのデパートの婦人服売り場で友人Nに出会ったのです。Nとはさらに二カ月前、駅前でバスを待っていた時に珍しく行き合い、立ち話をしたばかりでした。普段、Nが仕事をしているせいもあり、めったに顔を合わせる事はありませんでした。それが今年になって、こうして二度も出会しているのが、不思議といえば不思議でした。

でも、婦人服売り場で偶然顔を合わせたのはNだけではなく、友人Hにも会ったのです。もっともHとはスーパーでよく鉢合わせしたりもしていましたが、三人とも同級生ですし結局、「お茶できると良いよね」という事になったものの、当時は携帯電話も普及していない時で、Nがポケベルをもっていたため、私とHはNが書いてくれたポケベルの番号で連絡を取ろうと約束し、別れたのです。

それから二カ月後、Nが車の事故で意識不明になっている、という連絡をHから受けたのです。

その後、さらにHから葬儀の連絡をもらう事となってしまったのです。取り敢えず二人で出席する事になったのですが、ふとNのくれたポケベルの番号を書いた紙の事を思い出し、カバンの中から紙を取り出してみました。

すると、紙に一滴のピンクの染みが付いているのです。私は驚いてHの所にすぐに電話を掛け、その事を話しました。Hも同様の紙をNから受け取っていたからです。けれども、Hのもっている紙には何の変化もないとの事でした。

兎に角、一滴だけ垂らしたようになるというのは考えられないのです。紙はカバンに差し込む形で入れてありましたし、一度も取り出すこともなかったのです。又、カバンの中に液体の入った容器もなければ、ピンク系で染み出てくるようなものを入れた覚えもないのです。

多分、紛れもなく「知らせ」だったのでしょう。悲痛な事に、Nは自暴自棄になり飲酒運転をしての事故死でした。

それ以来、その紙は私にとって言わば「形見」のようなものになっていました。もらった時のようにカバンの中に入れ、持ち歩いていたのです。

そんなある日、ふいに連絡をくれる年下の知り合いにその出来事を話すと、「お炊き上げをした方が良いよ」というのです。確かにその紙をずっとそのままにしておくのも良くない気がしたので応じる事にしました。ですから、その紙はもう手元にはありません。

この事がある前までは、誰かが亡くなったとしても「知らせ」のような出来事は一度もなかったのです。「物に対する意識」をするようになってからの私自身の大きな変化だといえるのです。

次に、主人が他界する何日か前の事をお話しします。

電話のベルの音

二〇〇六（平成一八）年一二月、主人の体の状態は大分悪くなっていました。何とか手立てはないものかと足掻いているにも拘わらず、動くことが不自由になり出し入院したのは、他界する一一日前でした。

その時には朦朧とした感じで、誰が誰という認識さえおぼつか無くなっている様子で、ベッドの上で体を動かすことにさえ不自然さがありました。医師の話では、肝臓がやられているとこうした朦朧とした症状が出てくるというのです。

完全看護のため、その病院までは有料道路を使えば四〇分位なので、毎日通うつもりでいました。

入院して二日目の朝、五時半頃の事です。眠っている私の右耳に電話のベルの音が、一度だけ小さく聞こえたのです。やはり眠りの中で聞いた音です。つまり、本当に電話のベルが鳴っている訳ではないのです。

何かあったのではないか、という不安が過りました。それは以前の事（非常ベルの音）があったからで、まずは東京に住んでいる娘の所に連絡をしなければ、と思ったのです。ですが、その割には余り焦りを感じてはいませんでした。

その日は、主人の勤務先に行かねばならない用事もありましたので、済ませてから一度自宅へ戻り、それから病院へ行く予定だったのです。

家に着いた時は、午前一一時を回っていました。玄関まで来ると電話が鳴っていたので急いで出てみると、実家の母からでした。電話の内容は、義母の所に病院から「すぐに来て欲しい」との連絡が入り、一足先に病院に向かうので、その事を私に伝えておいて欲しいといいつかったというのです。

私は何も聞き返さずに受話器を置くと、すぐに仕度をして家を出ました。

途中、車を運転しながら、眠りの中で聞いた音の事を考えていました。やはり良くない暗示、又は知らせのようなものだったのだろうかと……。そうだとしても、メッセージを受けてからの時間が余りにも短か過ぎるとも思ったのです。

確かに、メッセージを受けた何時間か後に事態が起こる事もあり得るでしょう。それを直ちに見極める力をつける事ができたらと思うのですが、私の場合はまだまだ不安定なのです。

病院に着き、急いで病室に向かい恐る恐る中を覗くと、主人は静かにベッドで眠っていました。辺りを見回し、先に来ているはずの義母を探したのですが見当たりません。

ナースステーションでまずは事情を聞かなくては、と病室から出ようとすると、義母がいつの間にか近くにいて、「ごめんね、間違えちゃって……」と決まり悪そうに話しかけてきたのです。そして、経緯を話してくれたのです。義母は病院からの連絡だったために早合点し、慌てて私の実家に電話を掛けた後、急いで病院に来て看護師さんから事情を聞いたそうです。実は主人の容態が悪くなり一報したのではなく、「患者さんが奥さんの名前をしきりに呼んでいたので」、と説明されたとの事でした。

誰しも病院から連絡がくれば慌てたり焦ったりします。状態を考えれば、義母の早とちりに何もいえませんが、有料道路を七〇キロのスピードで運転してきた、と後から知らされた時には、高齢者の運転ではないとビックリしました。

それにしても、私の耳に聞こえた小さなベルの音は、主人が私を呼んでいたためだったのだろうかと思うと、それはそれで不思議な事です。

主人の写真が・・・

主人の葬儀の時、勤務先の人が主人の弟に、在職中の荷物が残っているので取りに来て欲しいと頼んでいったそうなのですが、出向く様子がなかったため、義母が私にその事を依頼してきたのです。

勤務先の人は、弟だからという事で頼んでいったのかどうかは分かりませんが、私の方に言ってこなかったのは、単純に考えれば残されているものが多く重いから…、なのだろうと思っていました。

そんなに沢山あるのだろうかと思いながら、年明け六日辺りに出掛けていった気がします。その時に、主人の写真があるかどうかを聞くつもりでもいたのです。それには理由がありました。

実は、一二月の初め頃、主人はまだ在職していて仕事をしていたのです。そんな時、祝賀会に出席しなければならないというのです。自分自身の体の事もあり、悩んでいる事もわかっていたのですが、無理には止めませんでした。今になって逆算すれば、他界する二〇日位前の事であり、相当厳しい状態だった事が痛い程わかります。

それから数日後、会社から帰ってくると、「この前の祝賀会の写真だけど見る?」と言って、モノクロの写真を二枚見せてくれたのです。

折角見せてくれているのに、写真に写る主人の顔や姿全体が余りに痩せていて、言葉を失いかけそうになりました。痩せてしまっているのはわかっているものの、写真のせいなのでしょうか、余計露わに見えたのです。「よく写ってるね。でも、痩せちゃったね」と平静を装い口にすると、「うん……」と答え、自分でも少しの間眺めていたのですが、そのうちに何処かにしまったようでした。

けれども、その写真が未だに見つからないのです。しまってありそうな所は殆ど探してみましたが、どうしてもないのです。それ故、その時の写真と同じ写真が残っていないかと思っていたのです。

勤務先の人に話をすると、「ありますよ」と言って見せてくれたのはカラー写真でした。結局、祝賀会のものと四月頃に撮ったものの二枚をもらってくる事ができたのです。

さぞや重かろうと思っていた主人の荷物も、小さな箱が二つでした。その片方の箱の中には、もう一枚主人が一人で写っている写真が、一番上にポンと置いたような状態で入っていました。

そしてその夜、不思議な事が起こったのです。

もらってきた写真を眺めた後、三枚を重ねてコタツの上に置いて、私は憔悴し、肩を落としていたのです。すると、写真がまるで欠伸をするかのように動いているではありませんか。一番上の写真は主人が一人で写っている写真、それが動いているのです。動き方を表現するならば、下敷きの両側に力を少し加えると湾曲しますが、それと同じ形になるのです。一番初めに見た時は「ん？ 今動いた？」といった感じでした。その動きが二回繰り返された後は動かなかったと思います。二回目に動いた時は「やっぱり動いている」とはっきりと確認できたので、唯々驚くばかりでした。

その後の五カ月間位は、写真に話しかけると、返事が返ってくるような感じで小さく湾曲するのです。一方で「これではいけないのでは」といった気持ちになることも何度かありました。つまり、四十九日までは良いのですが、それ以上、此岸（現世）に留まることが許されないのではないかと思っていたからです。

ですが、私の結論としては主人を信じたいのです。だって、他ならぬ夫婦なのですから、本人の意思に任せても良いような気もするのです。間違いなのかどうかではなく、私が年を取って彼岸（来世）に行く時までは守ろうとしてくれていて、その時は「一緒に行こう」と言ってくれているようにも思えるのです。

そうこう思う中、主人の写真に異変が起こっていた事がありました。

四月頃、春を感じるようになったのでガラス戸を少し開けておいたのです。写真はいつもコタツの上に置いてあるのですが（夏場でも単なるテーブルとしてコタツを両用しています）、そのガラス戸までは一メートル弱、風が入り込む感じではないのに、写真の四隅が捲れ上がった状態になっていることに気付いたのです。

私はとっさに「どうしたの？」と声をあげてしまいました。見方によっては、何かに引っぱられているようだったのです。私はガラス戸を閉めました。暫くすると、写真は元に戻っていました。四十九日は疾っくに過ぎていましたから、迎えが来ていても当然のように感じられたのです。

写真が動いている事を何人かには話してみたのですが、反応は色々でした。

実母は、自分が冷気を感じた事を話し始めたのです。何処も開いていないのに、氷のように冷たい物が頬を撫でていったというのです。実母は主人ではないかといい、私の話した事に対しても同調してくれているようでした。

義母や友人Yには、仏壇を買った方が良いと勧められ、特に友人Yには「買ってあげるよ」などともいわれました。両者とも信心深さから出る言葉なのかもしれませんが、私の話は幻覚としか受け取られていなかったと思います。

仏壇の事ですが、自宅にはなく、義母の所にある仏壇に主人の位牌を置いてあります。主人は跡継ぎでもありましたし、義母も承諾済みだったのです。他人には買うお金がないのかと思われているのかもしれませんが、義母も一人住まいですので、それを理由に私が訪ねる事ができた方が良いのではないかと思っていました。それでも、時間的な状況というのは必ず変化するものなので、その時に必要ならば仏壇を買えば良いと思っています。

写真が動くという事は、「物への意識」が無ければ絶対に有り得なかったはずです。相手がどんなに信号を送っていても、それを感じる力が無ければそのままになってしまうのです。ですが、信号を感じようと思えば、気持ち次第で誰もが感じられる、という事を再度言わせてください。


ここでちょっとしたエピソードをお話しします。

ある日、義母が仏壇の写真を見ながら、「この写真はよく見ると笑っていないし、何か堪えているような感じがするから、この前見せてくれた写真を焼き増しできないかしら」というのです。言うまでもなく、仏壇に置いてある写真は葬儀の時に使われたもので、確かスナップ写真ではなく、証明写真を引き伸ばし、焼き増しされた一枚なのです。

義母が焼き増しして欲しいと言っている写真は、動く写真の事でした。私は折角の写真を駄目にしたらどうしようと思いながらも、義母の要求を断ることができなかったのです。「動いたりするのだから焼き増しなんて無理です」とはっきりいったら私は異常者扱いされたでしょう。仕方なく、焼き増しを二枚、お店に頼む事にしました。

一時間もかからずに焼き増しされ、写真は無事に戻されました。写真の具合はどうかといえば元気だったのです。焼き増しで機械にかけられ、どうなったのかはわかりませんが、結果的には無事でした。

そんな事があった写真ですが、今現在、二〇〇八（平成二〇）年には写真の下側が時々、ほんの少し浮いたり、全体的にほんのり凸状になったりしています。

二五歳の娘に電話で写真の状態などを説明すると、「鼻息がかかるんじゃないの?」という言葉を返したものの、やはり気になっていたのか、帰って来た時に写真をチラッと見ていました。

そして二〇〇八（平成二〇）年四月一日、買い物から帰ってくると、写真の位置がずれていた事がありました。留守をしていたので、何処からか風が……なんてこともないですし、全く密室状態にありました。不思議に思いながらも、後からこの日に何かあったかな? と考えてみると、娘の初出勤の日でした。娘の情報などは大抵写真に話し掛けていますから、気になったのでしょうね。

主人の声が・・・

二〇〇七（平成一九）年一月一四日、午前五時五〇分頃、目覚めるちょっと前のことです。

「カレーライス」そう一言だけ、私の耳に届いたのです。私はその声にビックリし、上体を起こすや否や辺りを見回しました。確かに主人です。声色は微妙に違った感じを受けたのですが、カレーライスなんていう人は他にいませんし、主人はとてもカレーが好きな人でした。ハーブ園に出掛けた時に、沢山ある香辛料の中から風味の出せるものを簡単に見つけてきて、家のカレーに入れて欲しいと頼まれたりもしました。そして、私の作るありふれたカレーを何時でも喜んで食べてくれました。

私はその声のとおりに、夕食にはカレーを作ることにしたのです。

「主人の声」は、やはり以前聞いたアニメ『遊戯王』の主人公の叫びと同じで、眠っている時に聞こえてきた声です。

そして、再び主人の声が・・・

二〇〇七（平成一九）年六月一二日、四十九日忌から四カ月が経った頃、一月の時と同じように主人の声を聞いたのです。「死んだはずなのに、生きている」と。その後に虹の夢も見ているのです。然もオレンジ色の虹です。数日前にも見ていて、大きさが前に見た虹よりも大きく、オレンジ色なのは夕焼けのためらしいのです。

眠りの中で声を聞いている時というのは、何故かその声の主の姿はありません。唯、その声だけが聞こえるのです。ですから、今お話しした虹の夢も、その後としたのです。

主人の夢は何度も見ています。よく、亡くなった人の夢は余り見ないと聞きます。実父は私が高校一年の時に他界していますが、夢は一度位見たか否か…。祖父母は一、二度あります。友人Nの夢は一度しか見ていませんが、姿だけで会話とかストーリーなどは全くありませんでした。

友人Yから「ご主人の夢は見たことがある?」と聞かれた事があります。彼女は、自身に関係する故人の夢を見る事ができない理由を知りたがっていて、最終的には霊能者を頼ったようでした。

私は、そんな彼女に何も話していませんし、アドバイスもできません。それは、彼女自身の「信じるもの」の違いがはっきりしているためです。将来、話す事ができる時があったら話してみたいと思います。

処で、主人が訴えるように言った「生きている」という言葉に、私は嬉しさを少しだけ感じる事ができました。主人は元々、感じた事やいいたい事を濁す人ではありませんから、その言葉から完全に精神は消えていないという事がわかったのです。ですから、人間は死んでしまえば終わり、というのは嘘です。

何故、音が？

私の不思議な体験は「夢」から始まり、その時の多少の感性から、主人が他界した後も再び、身辺に不思議な事が起こるのです。

この後は、「夢」から少しだけ離れた形での霊感的な体験をお話ししていきます。

最近になり、『死後世界地図』の「日本編」がある事を新聞で知り、購入してつまみ読みしています。その中に「音」などの事について記されていて、「生きている人間が何かを霊に通信し、死んだ霊が生きている人間に通信する。この相互関係に於いて『示す』事しかできない。霊が示したものを『感じる』という事が大切」とされていました。

私の場合も「音」の話からさせてください。

二〇〇七（平成一九）年一月に写真が動いてから、私は「音」に悩まされ始めたのです。そのためにちょっとした睡眠不足のような状態になっていました。

一階のキッチンにテーブルがあり、冷蔵庫に一番近い席に主人が座っていたのですが、その冷蔵庫付近から「ビシッ！」という音がしていたのです。

午後九時頃を境に、冷蔵庫の音と共に際立って聞こえていたのですが、一日だけ何かが壊れんばかりの音になっていた事がありました。「ビシッバシッ！」といった音が一時的にひどく聞こえていたのです。まさしく、『死後世界地図』に記されている現象なのだと思いました。

その時、私は実母と電話中でした。今現在も、実母は毎晩のように電話を掛けてきます。もし、その音が主人に関係するものであれば、元々電話でのお喋りを嫌っていましたから、「もういい加減にしろよ」と言いたかったのかもしれません。

私は受話器をもったまま見遣りはしたものの、勿論主人の姿は見えませんが、きっとその場にいるのだと思いました。そうでなければ、あのような音は考えられないのです。

今の私には当然の事なのですが、主人の所持品はできるだけそのままの状態にしてあります。テーブルの上には湯飲み茶碗の他、眼鏡ケース、携帯電話、書類を置いてありますし、洋服は少々整理はしましたが、生前と余り変わらないようにしてあります。寝具もそのままです。精神が生き続けているのなら尚更、何時帰ってきても安心できるようにとしている事ですが、将来、どうしても無理なようであれば、その時は幾品かだけ残せるようにしていきたいと考えています。

先程の「音」の話に戻しますが、二階の和室でも音はしていました。寝室用としているので、大抵午後一一時半頃にはその部屋で横になっていましたから、音も同じ位の時間にしていたと思います。

一階の音と違って、襖の一部から、「ピシッピシッ」という小さな音がずっとしているのです。初めは音が小さいこともあり、余り気にしていなかったのですが、毎晩となるとそうもいかなくなります。

さらに他の音までしていたのです。

寝ている西側に床の間があって、そこに人形が入ったケースが二つ置いてあり、はっきりと確認はできませんが、そのケースの音のようで「ガタッ」という動く音が午前二時頃から三時頃にかけてしているようなのです。

その頃、何故か午前二時半頃になると目が覚めてしまい、結局その後、それらの音で眠れなくなるという日が続いていました。正直、怖かったのです。それでも、主人なのだから怖いというのは間違っていると自問自答を繰り返していました。

そんな状態の時でした。娘が帰ってくるというのです。毎回そうなのですが、偶に帰ってくると話が尽きないのです。そのせいか、一階の音がどうなっていたのか、全く気付かずにいました。私が二階の寝室へ行った時は午前一時を過ぎていました。隣の布団には娘が気持ち良さそうに眠っていて、自分も寝ようとして初めて音の事に気付いたのです。毎晩のように「ピシッピシッ」と音がしていたのに、それが何故かしなくなっていました。

次の日、娘が東京に戻り、夜になって音の方はどうか、と思ったりもしましたが、案の定で完全に復活していたのです。

けれども「音」に関しては、半年位の間には落ち着いていったのです。

目覚まし時計の謎

二〇〇八（平成二〇）年五月四日、朝六時頃に目が覚めた時、私の隣に誰かが寝ているような感じを受けたのです。大分前にも似たような事があったのですが、その時は逆で、隣にいないのではという何処か不安めいた感覚があったらしく、ふと目覚め隣で寝ている主人を見て、ホッとしたことが何度かあったような気がします。

「誰だっけ？　隣に寝てたの？」と呟いていると、目覚まし時計が鳴り始めたのです。掛け時計が六時一五分を指した処で、目覚まし時計のベルが鳴るようにセットされているようなのです。

その目覚まし時計は主人のものです。少々壊れかけているのではないかと思っていましたが、生前、主人はちゃんと時間を合わせていましたから、壊れてなどいないと思うのです。

けれども、主人が他界してからは色々で、鳴ったり、鳴らなかったり、鳴ってもすぐに止まったり、といった様子でした。

そして、今日（五月四日）の場合は、少し経つと止まったのです。

目覚まし時計のベルの鳴り方というのは様々だと思いますが、主人が使っていたのはごく普通のもので、「ピピピピ　ピピピピ」といった規則的な感じの音で鳴り、二〇回以上鳴っても止めなかった場合は、自然に止まるようにはなっていました。

今回は五回くらいで止まったと思います。まるで主人が止めているかのように感じられるのです。

又、二〇〇七（平成一九）年のいつ頃だったか、娘が帰ってきていて、寝ようという事で同時に布団に入った時、私の枕元で畳を踏む音が二回したのを覚えています。

そういった事を考え合わせ、主人が時々は帰ってきてくれているのだと、少しでも感じる今の私がいるのです。

新盆の出来事

二〇〇七（平成一九）年八月一日、義母と一緒にお墓の掃除に出掛ける事になっていました。新盆は早くから参る人がいるからというので、お墓も早めに掃除をしておいた方が良いかもしれない、という事になったのです。

お寺までは車で五〇分は掛かりますし、義母は一月に入院して以来、車の運転を止めてしまっているので、私の方に予定がなければ、できるだけ一緒に出掛けるようにしていました。

夕方（午後六時半頃）、テレビをつけて見ていた時です。

一階の掛け時計近くから、「ビシッ！」という硬い小さな石がぶつかったような音がしたのです。私はビックリしてテレビのスイッチを切りました。すると、お隣の人が洗濯物を取り込んでいる音が聞こえたのです。まさかお隣で何かを投げたりはしないでしょうが、音は紛れもなく石に感じられて、お隣の人に聞いてみようかと思いました。

けれども、何気なく主人の写真を見てみると、少し前までは動きがなかったのに、動いているではありませんか（この頃の動きは、写真の下の所がほんの少しだけ浮いたり沈んだりを繰り返していました）。

音についての表現をかえれば、かなりのスピードで当たってきたというか、面積の広さを感じさせない音だったのです。「すごい、かっこいい！」と感動してしまいました。私の場合は姿を見ることはできず音だけですが、アニメと同じに感じられたのです。「物への意識とは」のところでアニメや漫画の話をしましたが、その漫画『遊戯王』のストーリーでは、一人の肉体に二つの精神（魂）が宿るというものでした。他の漫画にも物質に精神（魂）が宿るといったものを見掛けますが、それに近いか、同様の事のように感じられたのです。

漫画の内容というのは、どちらかといえば想像や空想の世界を感じさせたりするものかもしれませんが、実際にも有り得る事だという証明をしている気がします。「そんな事がある訳ないじゃない」では終わらない事だってあるのです。

結局、主人は通常のお盆よりも大分早くに帰っていた事になるのですが、写真の方も二日間位で動かない状態となっていましたので、後はどう過ごしていたのかは不明です。

そして次の年（二〇〇八（平成二〇）年）の八月一日を迎え、去年と同じ現象が起こるのだろうかと気にはしていました。すると八月二日の夜、正確には午前〇時を過ぎているので八月三日になります。

そろそろ寝ようと一階のテレビのある部屋の電気を消し、掛け時計を見た時でした。掛け時計の大きさと同じくらいの丸い、薄らとした光が、時計の丁度右側にあるのです。しかも、その光に私の影が重なるので、見方によっては私の後ろに光があるようにも感じられました。

その光は八月七日まで滞在しましたが、現在はありませんし、私の影も壁に映る事はありません。

八日の朝は、それまで鳴っていた目覚まし時計が鳴らなかったのです(今現在は鳴ったりしていますが……)。

それと、主人の写真ですが、八月四日に二角だけが捲れていたのですが、次の日には少し落ち着いた感じになっていました。その日は雷雨になり、雨が滝のように降っていたので「すごい雨だね」と写真に向かって話し掛けると、ちょっぴり以前の感じで写真が動き、二角の反りが元の状態に戻っていました。

お盆（旧暦ではなく新暦七月一五日前後に行う所もあるようですが）のお迎えは、本当に八月一三日なのでしょうか。新盆、そして翌年のお盆と、私が何らかの現象に気付いているのは八月の初めです。それもちょっと興味深い気がします。

一周忌の命日に

二〇〇七（平成一九）年一二月二三日、主人の一周忌を行う運びとなっていました。親戚など八人で簡素に済ませようと義母と相談の上に決めた事でした。命日は二五日なのですが、日曜日の方が何かと都合が良いだろうと二日前を選んだのです。

そして当日、全てが無事に終わると、娘が話し掛けてきて、「お経をあげている時、来てたよね」というのです。彼女も特別な能力をもってはいませんので、それでも何かを感じたのだと思います（確かお通夜の晩も花の一部が揺れていると言っていました）。

実は私もそう感じた節があったのです。読経中、ロウソクの火が揺れたらしく、床の明るさに変化が生じた時、天井付近で「ピシッ！」と音がしていたのです。

兎に角、私の心の中では何時の間にか、「音」が合図のようなものになっていたのだと思うのです。現在読んでいる『死後世界地図 日本編』でも、「音」については「自分の存在を知らせようとしている」と記されていて、「夢」についても同じ理由である、とされています。

そして、一二月二五日、今日が本当の命日、という事で義母の所に出掛けるつもりでいました。

その頃の朝の日課と言えば、ストーブの前で暖まりながら新聞を読んでいたのですが、何故かカーテンの裾の部分の動きが目に留まったのです。

ストーブは下から温風が出るタイプの石油ストーブで、カーテンまでは二メートル近く離れていたのですが、ストーブの前には温風を遮る自分の体があるので、何かの拍子に多少カーテンが揺れても可笑しくはないと思うのです。処が、その日だけは違っていました。まるでガラス戸が開いていてそこから風が入ってきてでもいるように、カーテンの裾がフワフワフワフワ大きく揺れているのです。

「どうなっているの？」私は一人で興奮状態になっていました。不思議な事でした。

いくらストーブから温風が出るといっても、あのような状態（大きく揺れる感じ）になるというのは考えられないのです。

それに、その状態は命日以来起こっていません。やはり命日だからなのでしょうか。そんなちょっとした異変を嬉しく感じたりします。自己解釈ではありますが、元気なのだな、と思ったりできるのです。

そのちょっとした異変のうち、まだお話ししていないことを簡単にお話しして、この章を終わらせたいと思います。

ある異変

写真の事があってから何日か経っていたと思いますが、寝ようとしてコタツのある部屋の電気を消した時に、掛け時計の斜め下に、掛け時計位の大きさで、丸い感じの青い蛍光色のものを見たのです。一瞬、自分の目を疑ったのですが、その後それが主人に結びつくものである事を、たまたま開いた本から知ったのです。

そして、もう一つの異変とは初彼岸の時、お寺に着いたと同時に私の耳に聞こえたのが携帯電話のバイブの音でした。鳴ったのは一回だけで、助手席に座っていた義母に携帯電話が鳴ったことを教えると、「私の携帯の呼び出しは、音声でしゃべって知らせるから……」というのです。

私の空耳？と思ったものの確かに聞こえたのです。ふと思えば結果的には主人に結びつけてしまいますが、主人の携帯の呼び出し音がバイブだったからです。唯、又何かの「知らせ」だったらどうしようと思ったりはしました。

けれども考えてみれば、私が受けていた「知らせ」というかメッセージは、夢からのメッセージであって、基本的には昼間受けていたものではありませんから、そういったものではなかったようです。

それにしても、もってもいない携帯の呼び出し音をお寺で聞くというのは、霊的なものを理由なしでも感じてしまいそうです。

今現在に於いては著しい異変はなく、徐々に感覚は弱くなっています。でも、それは当然の事かもしれません。私は霊能者ではありませんから、成るべく深入りは避けたいと思っていますし、それはそれで自然に任せたいと考えています。

ただ待っているだけじゃ
ダメだよ
ペロタン
今日はどこに
お散歩
行こっか？

Ⅲ章

現在の状況

この章では、現在の私の夢の状況をお話ししたいと思います。

二〇〇八（平成二〇）年一月二〇日に見た夢からお話ししますが、夢の感じが明らかに変わったように思えるのです。

それは夢の一部に詳細化が見られ、予知夢か否かも以前よりは明確に感じるようになってきたのです。

訪問

番地を見つつある家を訪ねようとしているのですが、その番地が四七番地なのです。目指す家の前が畑になっていて、畑にその家の奥さんがいて私を導くのです。畑にできたものなのか、鈴生り状の実がついた植物をくれるのですが、食べるものではない、というのです。そして、他にも渡すものがあるからと、畑で又何かを探している姿を私が見ている、という処で目が覚めたのです。

先程、詳細化と言いましたのは、この夢の場合は番地のことで、表札にはっきりと書かれていたのを覚えています。

どの夢に対しても詳細さが加わっているという事では決してありませんが、今までは、余り細かな所まで示された夢を見ていなかった気がするのです。

自殺

二〇〇八（平成二〇）年四月三日、とても変な夢を見たのです。主人が自殺する夢でした。病気の事を悩んで、電車が走ってきた所に飛び込んだ感じだったのです。

私は目覚めた直後に心の中で「違うよね」と否定しながら、主人がいない事への錯覚的な夢に大きな溜め息をついた後、時計を見ました。午前三時でした。

朝起きた時も、その夢の事がどうしても気になるので、夢判断をする事にしたのです。意外にも「吉夢」とされていたので安堵した次第です。

こんなふうに意表をつくような主人の夢は、二〇〇七（平成一九）年一〇月一四日にもありました。

泥棒

主人がまるで泥棒のような感じの夢なのです。

少し可笑しな夢で、何時の間にか自分のいる場所が二階に変わっていて、そこに義母もいるのです。すると下から物音がしていて、恐る恐る階段の方へ様子を見に行くと、主人のパジャマの上着が二枚、放り出されていたのです。

私は泥棒だと思いました。それで下に降りて物音のする方を見ると主人がいたような…？　その怖さで目が覚めたのです。

「自殺」の夢同様、夢判断をしてみるとこれも「吉夢」で、衣類の場合は病が治る、とされていました。まるで私の体の事を案じ続けてくれているように思えた夢だったのです。

未来

二〇〇八（平成二〇）年四月に見た夢です。ちょっと面白いストーリーだったのですが記録はしていません。でも、頭の中に残されているのでお話しします。

それは私が結婚する夢なのです。夢の中では、結婚する相手は出てこないのです。でも、何処かの式場で、披露宴の会場らしき所もあって、皆が待合室で待っているのです。何かを私も待っている感じで、待ちきれない人は帰って行ってしまうのです。結局、待っていたのは相手だったのかもしれません。

そんな夢を見たその日の夜、娘から電話があったのです。しかも「結婚するかも……………」というのです。もうビックリでした。私の見た夢の主役は、私ではなく娘だったのかと思いました。

そしてその夜、まるで夢の続きのような夢を見たのです。それは、どうも日本ではなく外国のようでした。余り記憶に残らなかったため、内容がはっきりしませんが、確かに場所が外国の何処かだったのです。

数日後、娘が東京から帰って来たので、結婚したいと言った事を詳しく聞こうとして試しに、「新婚旅行は外国なんじゃない？」と言ってみたのです。彼女は驚いた顔をして、「そうだけど、何で知ってるの？」と答えたのです。私は二日連続で見た夢の事を話しました。

それにしても夢に感動です。今までは自分を主体としての夢ばかりだったと思うのです。一番初めの夢のメッセージを上手く受け取れなかったのも、自分中心の夢が多かったからなのでは、と改めて感じています。

詳細さが加わり、個人以外にも視野が広がってくるというのは、「夢」に対しての自身の進歩ではないかと思ったりします。その進歩中の夢で、二〇〇八（平成二〇）年四月二六日の記録についてお話ししたいと思います。それがもっと滑稽な夢だったのです。

小さな男の子に本を買ってあげようとしているのです。男の子は小学二年生位で本を二冊欲しがっていました。私はその子に一一五〇円渡すのですが、その子は一〇〇〇円札だけもってお母さんの所へ行こうとするのです。

けれどもその中で一番笑えたのは、自分の事を「お祖母ちゃん」と言っていた事でした。「お祖母ちゃんが本を買ってあげるから」と言ってその子にお金を渡しているのです。夢から覚めた後、これは予知夢？と思ったものの、自分をお祖母さんにしていたのが何とも可笑しくて、朝から一人で笑ってしまいました。

処で、この夢が本当に予知夢であるならば、これから何年か先の未来の様子を見ていた事になるのです。確かに今までお話ししてきた夢の中でも予知夢と思われるものはありました。唯、今までの夢とは明らかに違っているその感じを一言でいえば、漠然としたものを余り感じていない点です。

はっきりと自分の孫になる子が男の子で、名前は出てこなかったものの顔つきが母親似なのでは、と思った事でした。そして、詳細な所としては一一五〇円（本二冊分の合計）で、本の題名が『ドラゴンの〇〇〇』というものでした（〇の所は不明部分で、詳細といっても限界はありそうです）。

私は本屋さんが雰囲気からして好きなので、よく出掛けます。けれども、そういった書名のものは見ていないと思いますし、何処かで記憶に残るような事もなかったと思うのです。一一五〇円という金額の方も同様で、記憶されていたとは考え難いのです。この先、何年か後がちょっぴり楽しみになってきました。

財布の行方

その夢を見た後、一カ月もしないうちに娘と彼氏とで結婚前提に付き合う事の承諾を得にやって来たのです。娘も二六歳になりますし、私が兎や角言えるようでもありませんので、後は二人が上手くやっていければそれで良い、と思っています。

残念なのは主人が実在していない事でした。娘は主人の事を気にしているようでしたが、私の「良かったね、良い人じゃない」という言葉にほっとしたようでした。

処がその後、帰り掛けのハプニングを聞かされたのです。私は二人が家から出た後、当然、真っ直ぐに帰ったとばかり思っていたのです。けれども、折角来たのだからと近くのショッピングセンターに寄ったのだそうです。そして、三〇、四〇分位してから帰ろうと屋上の駐車場に行った時、彼氏がスーツを脱ごうと、もっていた財布を何気なく車の上に置いて、そのまま車を走らせてしまったというではありませんか。当然何処かで振り落とした事になります。結局、その事に気付いたのが、有料道路の料金所だったそうです。

私がその話を聞かされた時は、午後の七時を過ぎていましたから、暗くて探しに出られるような状況ではありませんでした。ですが、例の如く夢を見たのです。しかも、完全にメッセージといわんばかりのストーリーのないものでした。割と大きめの封筒が二つあるのです。たったそれだけの夢でした。

私はいつも朝は七時か七時半位に起きたりするのですが、兎に角その事が気になって仕方がなかったため、次の朝、五時ちょっと前には起きて仕度を始めたのです。六時頃には屋上の駐車場までの坂をキョロキョロしながら歩いていたと思います。でも、そんな時間に歩いていて驚いたのは、歩いていたりする人を結構見掛けた事でした。犬の散歩やショッピングセンターの裏手を掃除する人までいたのです。

結局、ぐるっと見て回ったのですが見つかりませんでした。私は、もう後は夢を信じるだけと思いながらも、そのショッピングセンターに買い物に行く事すら気が重くなりました。私が夢を信じようとしたのは、封筒の夢だったからで、財布が戻るのでなければ、絶対にそんな夢は見ないだろうと思っていたのです。すると、そのショッピングセンターに買い物に行った日、風邪気味でもないのにクシャミが出るのです。私のそういった時のクシャミは感度がすごく良く、もしや何かの連絡？　それか職場から？　と考えながら家に帰ると、電話が鳴っていたのです。

受話器を取ってみると警察からでした。そして、財布がショッピングセンター内ではなく、路上で発見されたことを知ったのです。何しろ財布ですから見つからないだろう、と思ったりもしましたが、この世の中、捨てたものではありません。路上で財布を見つけた人が、警察に届けてくれたそうです。

それから数日後、本人が警察署を訪ね、無事一件落着となったようです。その時の様子を少しだけ、娘の口から聞くことができました。

警察署に行くと、財布の中身が全て抜かれ解剖された状態で、中身は袋の中に入れられていた、と本人から聞いたというのです。この場合、袋というのはどのようなものであったのかはわかりませんが、夢で見た封筒はその袋の事だったのかもしれません。そして、それは財布が見つかる事の暗示と解釈できるのです。

前にも「I」章でお話ししましたが、夢に問いかける事だけはしないでください。私の場合も別に、財布のことを夢に願ってはないのです。

今回改訂版として出版しましたのでお話しますが、「未来」の所で見た夢の孫は、やはり男の子でした。その後もう一度ストーリー性のない夢を見たのですが、二人目も男の子だと思っていました。娘にその事を話すと絶対に女の子だと言い張っていました。ですが、生まれてきた子は紛れもなく男の子でした。私自身、夢の凄さにビックリしています。

イーちゃん
合格してるよ
エッ？
ヤッター！
何年後かの夢
見ちゃった！
又、飛ばされている

Ⅳ章

ここで内容がガラリと変わりますが、夢のメッセージの素晴らしさを皆様に知って頂けたら幸いです。

黒猫のぬいぐるみ

二〇一一（平成二三）年一月に現在の所に引っ越してきました。主人が他界して四年が過ぎていました。

それは、二〇一三（平成二五）年九月の事です。私は駅前にある大型スーパーまで、散歩を兼ねて歩いて行き彼方此方見ながら、三階のゲームセンターにも行ってみる事にしました。

そこで、とても可愛い掌《てのひら》サイズの猫のぬいぐるみのＵＦＯキャッチャーを見つけたのです。掴めそうで掴めないといった処で、一回目は失敗し財布の中を見ると、小銭がなく一〇〇〇円札を崩さなくてはならなかったのです。それでもどうしても欲しくなり、お金を崩して再度やってみると、何と二つ弾かれ中に入ったように見えました。私は「やったあ」とばかりに取り出し口から二つを拾い、袋に入れて急いで家に帰りました。

どんな猫のぬいぐるみかも確認せずに袋に入れたので、開ける楽しみがあったのです。袋を開けると、自分が狙っていた茶と白の猫と、もう一つは黒の猫でした。私は、茶と白の猫の方にシポちゃん、黒の猫の方にテンちゃんと名前をつけました。

それから一年後（二〇一四（平成二六）年一〇月）の事です。病院で半年毎に受けていた検査結果で、良性といわれていた腫瘍が、急に悪性に変わり十年後の再発と診断されました。手術は、四カ月後の翌年二月となりました。

お話ししていませんでしたが、十年前に乳腺科で温存手術を左右施されていて、まさかの再発でした。手術を担当する医師からは、検査結果が悪く、中を開けてみないとわからないけれども、抗がん剤の治療は免れないだろうと説明されました。

私は呆然となり、考えれば考える程生きていく気力が薄れかけていきました。何故なら、主人が他界し、その四年後に実母が他界、又義母も亡くなったばかりの状態でした。私は完全に支えを失っている気持ちになっていたのです。唯、東京には娘とその家族もありましたので、何とか生きなければと思い直していきました。

毎日一冊の栄養学の事典（『完全図解版　食べ物栄養事典』）から、何が今の自分の体の状態に効果があるのかを調べていく事にしたのです。又、職場の上司からヨウ化脂乳液という方法の資料をもらい、やってみたりもしました。その方法と栄養学の事典との共通点が、殺菌作用であり効果があると考えるようになりました。つまり、毒消しのような感じです。

私が、その栄養学の事典で注目したのは、野菜の力です。そこには「ファイトケミカル」という物質の存在があり、色素、アク、香り、苦味、辛味、渋味などに含まれていて、先程言いました毒消し効果もある事を知り、毎日食べ続けていこうと思ったのです。野菜も植物であり、その植物には薬用成分のあるものが沢山あります。その成分を優しく体に摂り込めるのが野菜（栽培植物）だという事が、調べていくうちに明確になっていったのです（関水康彰著『薬のルーツ〝生薬〟』主な種子植物とその薬用成分における分類から）。

私は、俗にいう自然療法的な事をしていたのかもしれません。毎日、スプーン一杯位のワサビ漬を食べ、ブロッコリー一房の半分の量を欠かさず食べるようにしました。その後、医師からは多少強めの薬が処方されました。

手術前日の夜、私は担当医に呼ばれ部位の確認をされる中、再度抗がん剤の治療は何とかならないかと話しました。けれども、答えは変わるものではありませんでした。私としては、その治療を受けなければならないのなら、仕事は続けられないと考えていました。

暗い気持ちで部屋に戻ると、ふと家から一緒に連れてきた猫のぬいぐるみを見て、ビックリしたのです。何と黒猫のテンちゃんが光っているのです。よく見ると、光の筋のようなものが何本かあり、キラキラしているので照明の関係なのではと思い、電気を消してみたりしました。それでも、全く変わらず光っているのです。そして、キラキラした中に一本だけ白い糸のようなものがついていて、気になったので、それだけを取ってみる事にしました。その後、いつの間にか光は消え、元に戻っていたと思います。不思議な何分間の出来事でした。

夜九時を過ぎた頃、東京から娘が付き添いとして来てくれました。次の日の朝、私を部屋から見送り、手術後の医師の話を聞いて帰ったようでした。娘は妊婦さんで、お腹も大きく大変だったと思います。

手術を終えた翌日、右側全摘の予定でしたので、どのような状態になっているのかが気になり、鏡で見る事にしました。驚いた事に変化を余り感じなかったのです。担当医の話の中で、状態が悪くなければ形成が可能であり、袋状のものを一定期間入れ、その後にシリコンに入れ替える手術を受ける事になると聞いていました。私の胸の膨らみは、その袋状のもの（ティッシュ・エキスパンダー）が入れられていたからでした。そこから考えると、私の体の状態は悪くなかったのだろうかと思いながらも、ほんの一瞬だけ光を見た思いがしました。胸の脇には、二本のドレイン（細い管）が下がっていましたが、それが外され退院となりました。

そして、病理の結果を聞く日となり、驚いたのです。化学療法（抗がん剤）の治療は免れないだろうと言われていたのですが、その必要性はないとの事で、治療は今までと同じホルモン療法（ホルモン剤・飲み薬）となりました。私は嬉しくて涙が出ました。私は一冊の栄養学の本に助けられたのです。野菜には治癒力がないように思われがちですが、実はかなり力があるといえます。そして、きっと神様が、黒猫のぬいぐるみのテンちゃんが助けてくれたのだと思いました。私は、心配してくれた知人や上司に連絡をした後、その足で神社にお参りをして帰りました。

此処で、テンちゃんの不思議がありましたので、少しだけ調べてみました。招き猫という事ではありますが、黒猫は病を防ぐ、商売繁盛、福猫、魔除けや幸運の象徴とされているようです。あの不思議は、私の病を防ごうとした力の現れだったのだと信じています。

猫

猫関連のお話を二つ程させてください。

私の著書『繋がる心』に登場するのも黒猫です。一匹の野良猫（クロタン）の心の動きを書き記した実話本です。色々見聞きした経験の中に、黒猫は自分を大切にしてくれた人に幸運をもたらすとされていました。今思うと、クロタンがいた時の約二年間は、私自身楽しく過ごせていましたし、人との出会いもありました。又、思いがけない給料のアップもありました。クロタンの存在は、今でも私の心の支えになっています。ですから、幸運をもたらすというのは、本当の事だと思っています。

そして、もう一つの猫のお話というのは、黒猫ではないのですが、二〇二二（令和四）年一月六日の雪の降った日の出来事です。

その日、私は雪が降っているものの、いつも通り仕事に出掛けました。車を運転してみると、まるで雪の舞いを見ている感じで、少々鬱陶しささえありました。そんな中、バイパスの右車線を走行中、猫の姿を見たのです。丁度車のボンネット右端辺りに、尻尾の長い茶色のトラ猫が走って行ったのです。私は、その猫が自分の車にぶつかるようには見えなかったため、ブレーキをかける事はしませんでした。況《ま》しては、その猫の行く方向の反対車線側には、猫が道路を渡り切れるだけの余裕がなく、車が通っていたのです。もしかしたら、轢かれてしまったのではないかと思ったりしました。でも、考えているうちに、この通りの激しいバイパスで猫を見掛けた事など一度もありませんし、雪の降る寒い日に、猫がノコノコ出だすというのも変に感じたのです。

そこからすると、私は普通では見えないものを見ていた事になるのではないかと思いました。見えないものが見えるというのは、一時的にチャンネルが合った時に起こる現象だと聞いた事があります。私の場合は、比較的に視覚より聴覚に現れやすく感じていますので、本当に驚きでそのトラ猫さんは、猫の神様ではないかと思いました。実は、その近くには小さな祠がありますので、結びつけてしまいそうになります。何故なら、それまでに低迷気味の運気の流れを少し変えてくれたようにも感じたのです。

不思議な事というのは、同じ条件が揃っていても、必ず起こる事はなく、大体一度きりが多いです。それだけ貴重な体験をしている気持ちとなります。又、そう思っていても雪の降る日があれば、猫様の姿を内心探してしまいそうです。

易者さんは神様の化身

二〇〇八（平成二〇）年九月に見た夢をお話ししたいと思います。

それは、易者さんに占ってもらう夢でした。易者さんは、女性で六十歳位。私が職場での人間関係で悩み、辞めてしまいそうになっているのを知っているかのように「ちょっと待ちなさい」といって止めるのです。その後、私に三回何かを選ばせ、怪訝な様子で「半ば工場に行く」といい、お金を払おうとすると「要らない、又来て欲しい」というのです。

外に出た私はバス停に向かい、周りを見渡して、今いた易者さんの家の垣根の出入口とその前に広がる田を眺め、バスを待っているという処で目が覚めたのです。

頭に残った風景に思い当たる場所といえば、家から車で二十分程の所にある橘樹《たちばな》神社でした。過去に二回お参りした事があり、実母からは出世の神様で、神社近くに住んでいる人は、皆出世していると聞いていました。

私は、夢の中で少し待つようにいわれた事に、もう少しだけ今の職場で頑張ってみようと思い直しました。すると年度明けに職場の体制が替わり、流れが一変したのです。

一歩一歩重い足取りで職場に向かっていたのが嘘のように変わり、毎日がとても楽しくなっていったのです。

此処で、橘樹神社の事を簡単にお話します。橘樹神社（通称　橘樹様）は、日本武尊（ヤマトタケルノミコト）が東征中、妃である弟橘媛（オトタチバナヒメ）が荒れ狂う海に身を投じて、海神の怒りを鎮めたので、無事任務を遂行できたと言われています。

その弟橘媛が易者さんに姿を変え、私の進む道を案じてくださったのではないかと、畏れ多い事ではありますが、私なりに思ったのです。

それにしても、楽しくなっている職場を半ば辞めて、工場に行くなんて一体どういう事なのだろうと、まずは想像すらできませんでした。

此処で、前にお話した「黒猫のぬいぐるみ」の続きとなります。

二〇一五（平成二七）年の手術時に入れられていたティッシュ・エキスパンダーを取り出し、シリコンに替える手術を受ける事になっていました。私の場合、一時部位が赤く炎症を起こしていたため、半年で取り出されるはずが、二カ月先送りとなり一一月に手術となりました。担当医からは、脂肪抽出の事も聞かされていました。そして、両太腿から脂肪を取る事になったのです。

手術は順調に終わったのですが、脂肪の抽出跡が内出血状態となり、太腿は不気味に紫色に変化していました。その紫色の部分を広げないようにと、圧縮タイツを穿く日々となりました。私はリハビリを兼ね、家の近くを散歩するうちに、職場の人間関係に再び悩み始め、精神的に太刀打ちできない弱さを感じるようになっていました。

私は、どうして良いかわからず橘樹様にお参りする事にしました。けれども、気持ちは晴れぬまま向かった先は、職業安定所でした。何気なく色々な所の求人を見ていたのですが、嘘のように地元で同系列の所が求人しているのを見つけました。私は迷いが晴れた思いで、今の職場に辞める事を伝え、求人場所の面接を受ける手続きを取りました。きっと橘樹様がチャンスをくれたのだと思いました。

処が、結果は不採用になってしまったのです。同系列の所なので採用されるだろうと当然ながら思っていた私は、行き場を失くした状態となってしまったのです。

そんな時でした。知人から、求人の話をもらったのです。唯、通勤距離は今までの所の倍の距離があり、勤務時間は夕方で、帰りは夜の十一時近くという余り想像したくない時間帯でした。でも、そんなこんな言っている場合ではなく、面接を受けに行き、後日採用となりました。

体が慣れるまでは、疲労もありましたが、そこでも人間関係でストレスを抱えたり、手術跡の痛みまで出てきてしまったのです。たった一週間で音を上げそうになっていました。それでも、声を掛けてくれる人や何人かの仲間が大きな心の支えとなり、又求人をわざわざ私のために知らせてくれた知人の気持ちを大事にしなければと思い、ずっと仕事を続けています。勤務時間も変わり、少し楽にもなりました。今は定年を目標に頑張っています。

夢の中の易者さんの占いは、当たっていたのです。半ば他の職場に行くという「半ば」は、今になってわかってきた事ですが、前の職場に八年勤めていましたから、今の職場で定年を迎えれば九年となり、ほぼ半ばという事がいえます。然も、採用されたかどうかはわかりませんが、履歴書を用意していた所が一箇所あり、それが工場（検品の仕事）でした。

思えば、神社の帰りに偶然、地元の求人があったというのは、神様が次の職場に導こうとしたのではなく、人間関係で悩んでいるものの、その職場を辞める勇気がなく迷っている気持ちを断ち切ろうとしてくれたのです。そうでなければ、知人からの話も機会を逃す可能性があったといえます。

私は、夢の中の易者さんの「又、来て欲しい」といっていた言葉を忘れずに、今現在も週一回は必ず橘樹様にお参りしています。

龍雲

神様のお話の続きとして、この本の改訂の切っ掛けとなりました龍神様のお話をしたいと思います。

「龍」は想像上の動物と言われたりしますが、神社に行くとよく見掛けます。印象的に残っているのが、千葉県館山市の洲崎神社、山梨県甲府市の金櫻神社ですが、他にも沢山「龍」の力を感じる神社があります。又、神社だけでなくお寺でも見られたりもします。

私の家の玄関の棚には「龍」の絵皿が飾られています。新築祝いに友人Yから貰った（あいはら友子さん）の絵皿で、此の所は毎朝お水を供えています。不思議な事に、初めて供えた日に体が軽くなったのを覚えています。自分自身、どれだけ重い何かを背負っていたのだろうかと痛感した程でした。

そういった事もあり「龍雲」にも興味を持ち始めていましたから、よく空の雲の形を気にしていました。

そして、二〇二一（令和三）年一〇月二十一日の早朝の事です。偶然的に龍雲を撮る事ができたのです。実は、その日の前日二十三時五十七分満月となっていました。

私は、家の二階の西側の小窓からの明るい月に、よく起こされたりするのですが、その日は何となく満月が気になり目を覚ましたのです。時計を見れば、朝の五時を過ぎていました。月はもう見られないだろうと思いながらも、小窓の方を見ると夜明け前の暗さの中に、きれいな満月が沈まずに出ていたのです。夜明け前の月なんて余り見る機会はありませんので、写真を撮っておく事にしました。

その後、どのように撮れたかを見てみようと思い、驚いたのは最後に撮った写真だったのです。私は、五時二十二分から三十分の間、月の撮影をしていたのですが、雲の事は全く気にしていませんでした。処が、時間と共に雲の形に変化が見られ、五時三十分には龍の頭部が写っていたのです。然も、その最後に撮った写真には、目がはっきりと写っています。私は、毎朝お水をあげている絵皿の龍が龍雲を呼んでくれたのではないかと思いました。満月と龍の神様という一場面は、とても幻想的で魅了されそうです。

龍雲は、龍神様そのものだそうで、中井耀香著『中井耀香の金運招来パーフェクトＢＯＯＫ』の一部に、龍のように見える雲は、活力がアップするサインで、神様が力を貸してくれている暗示と記されています。

その力のせいでしょうか。私は、二〇〇八（平成二〇）年に出版しました、此の「夢からの不思議なメッセージ」の改訂に気付く事ができました。それまでは、初めて出版できた満足感があり、改訂しようなどとは思いも寄りませんでした。処が、夢の記録を何故か振り返り、出版後の出来事がとても重要で、本文の内容の裏付けがされないままになっている事がわかったのです。その事については、「後書き」にてお話したいと思います。

又、巻末に写真を掲載してあります。此の写真を切り離し、お水を供えてみては如何でしょうか。それにより、あなた自身の龍雲を呼び寄せてください。きっと運気に良き変化が現れます。私の場合、この龍雲を見て一週間後に絶対にないはずの金運めいた事（小額ですが）がありました。又、写真を使わず私同様に龍を描いたものや置物などにお水を供え、自身の龍雲を呼び寄せても構いません。どちらの方法も信じる事、大切にすることが重要です。

フーちゃんの
それって
何？
コレのこと？
??
何だと思う？
いらなーい
クマさんの
あ・た・ま
また明日ね～
何だろ？
せっかく名前
教えてあげよう
と思ったのにな
名前はキュッキュちゃん

夢なんか
見ないもん
じゃあ
家に
おいでよ
お泊まりって
楽しいね
うん！
うん
何か見た
へぇ夢ー
見たんだ

後書き

二〇〇八（平成二〇）年に於いて、発行されました此の本には、私の夢への判断力が十分でなかったため、主人の病気に気付く事ができず、悔しい思いをした事、又その後他界した主人の魂からの現象（写真が動いたり、声が聞こえるなど）を体験したりもしました。それらが夢の記録や物への意識に基づいていると考えていました。

そして、夢の記録や物への意識が何処に繋がっているのかというと、全て神様へと結びついていく事がわかってきたのです。

民間信仰神道の根底には、あらゆる物に神、精霊、魂が宿ると考えられているのです。ですから、主人の写真が動いていても不思議ではないのです。唯、そこには物への意識（物を大切にする気持ち）がなければ、起こらなかったといえます。又、夢からのメッセージも、そこから受けられる状態ができてくる事でもあるのです。物を大切にするイコール神様を大切にするという事です。

夢は見ても忘れてしまったり、見てないような感じの時もあります。もし少しでも記憶している事がありましたら、記録（メモ）してみてください。それが一つのメッセージに繋がっていくのです。メッセージ性があるかないかは夢判断していくうちに理解できるようになるはずです。見た夢を判断したい時は、自分に合った夢占いの本をもっていると便利です。私の場合は『吉凶早引夢判断宝典』(神榮館)と『よくあたる！夢占い事典一〇〇〇』(マリィ・プリマヴェラ著)を参考にしています。

ここで、近況のエピソードをお話しします。

二〇二三(令和五)年八月、私は夜中三八、八度の高熱となり、翌日新型コロナ陽性と診断されました。病院からの点滴と飲み薬で大分楽になりましたが、三日間は熱が安定せずにいました。五日目には微熱程度となり、六日目には外出可能でした。その頃に味覚、嗅覚が二日間だけ失われ、その後少しずつですが味も匂いもわかるようになりました。ですが、その他に気付いた事があったのです。

実は、夢を見なくなってしまったのです。何日間かは単に夢を見ないだけと思っていましたが、十日過ぎても見る事がなく、変だと気付きました。このまま夢を見なくなってしまうのだろうかと不安な気持ちさえ抱くようになりました。

娘に新型コロナ後遺症の事をメールすると、どんなに遺っても一カ月経てば治るよと返信されました。些か夢の事は伝えませんでしたが…。

私は原因を知りたくなり、新型コロナの後遺症を調べました。色々ある中に、疲労感という症状が当たっているように思えたのです。何故なら、体を倒した時に頭が重く沈む感じとなり、起きている体勢が普段よりも負担になっているのではないかと思えたのです。そして、一カ月ちょっと過ぎた頃、短い夢を見た時、やっと安堵する事ができました。初めての事で、内心焦りもありましたが、夢はこのような体調の変化にも敏感な事がわかりましたのでお伝えしたく思いました。

どうか皆様が本書より、夢からの（神様からの）メッセージを上手く受け取る事ができますように、又巻末の写真にて運気を好転できますように、心より願っています。

二〇二四（令和六）年一月　　橘　楓佳

主な参考文献

『スピリチュアル・セルフ・ヒーリング』　江原啓之著　三笠書房
『夢で自分がわかる本』　秋山さと子著　史輝出版
『微笑みの首飾り』　美輪明宏著　水書房
『死後世界地図』　秋山眞人著　コスモトゥーワン
『吉凶早引夢判断宝典』　村瀬文作　高島易断所總本部編纂・神榮館
『完全図解版　食べ物栄養事典』　主婦の友社　監修・中嶋洋子、蒲原聖可、阿部芳子
『薬のルーツ〝生薬〟』　関水康彰著　㈱技術評論社
『茂原ふるさとガイド』　茂原市役所総務部秘書広報課
『中井耀香の金運招来パーフェクトBOOK』　中井耀香著　宝島社
『よくあたる！夢占い事典一〇〇〇』　マリィ・プリマヴェラ著　㈱長岡書店
『遊戯王』　高橋和希著　集英社

Profile

著者・本文イラスト

橘 楓佳（たちばな ふうか）

1959年11月19日生まれ

千葉県茂原市在住

清和女子短期大学　初等教育科卒業

2008年『夢からの不思議なメッセージ』（朱鳥社）を出版

2023年 絵本『繋がる心』（けやき出版）を出版

表紙イラスト

總洲齋 若樂（そうしゅうさい にゃらく）

千葉県在住

絵本『繋がる心』にてイラスト担当

橘 楓佳の著書

『繋がる心』

繋がる心
橘 楓佳
黒猫は、幸運を呼び寄せてくれます。
そして、私は小さな幸せをもらいました。
（2024年刊行の改訂版「夢からの不思議なメッセージ」の文中にて）
この本から、全ての人にその幸せが届きますように。
橘 楓佳
けやき出版

忘れられない野良猫との出会い、小さな黒猫クロタンからもらった小さな幸せを 読者に“おすそわけ”するような心温まるエッセイ。

価格	本体 1200 円
タイプ	A5 変型 上製 64 ページ
発行日	2023 年 11 月 1 日
ISBN	978-4-87751-634-5

夢からの不思議なメッセージ　改訂版

2024年1月11日　第1刷発行

著者　　橘 楓佳
表紙イラスト　　總洲齋 若樂

発行人　　小崎 奈央子
編集　　田村 有佳梨
デザイン　　小林 拓也
DTP　　袴田 唯実
発行元　　株式会社けやき出版
〒190-0023 東京都立川市柴崎町3-9-2 コトリンク3階
TEL 042-525-9909　FAX 042-524-7736
https://keyaki-s.co.jp
印刷　　株式会社立川紙業

ISBN978-4-87751-636-9　C0095

運気に良き変化が現れる

龍雲カード

切り離してお水をお供えしたり、カバンに入れて
持ち歩いたり、ご自由にお使いください。

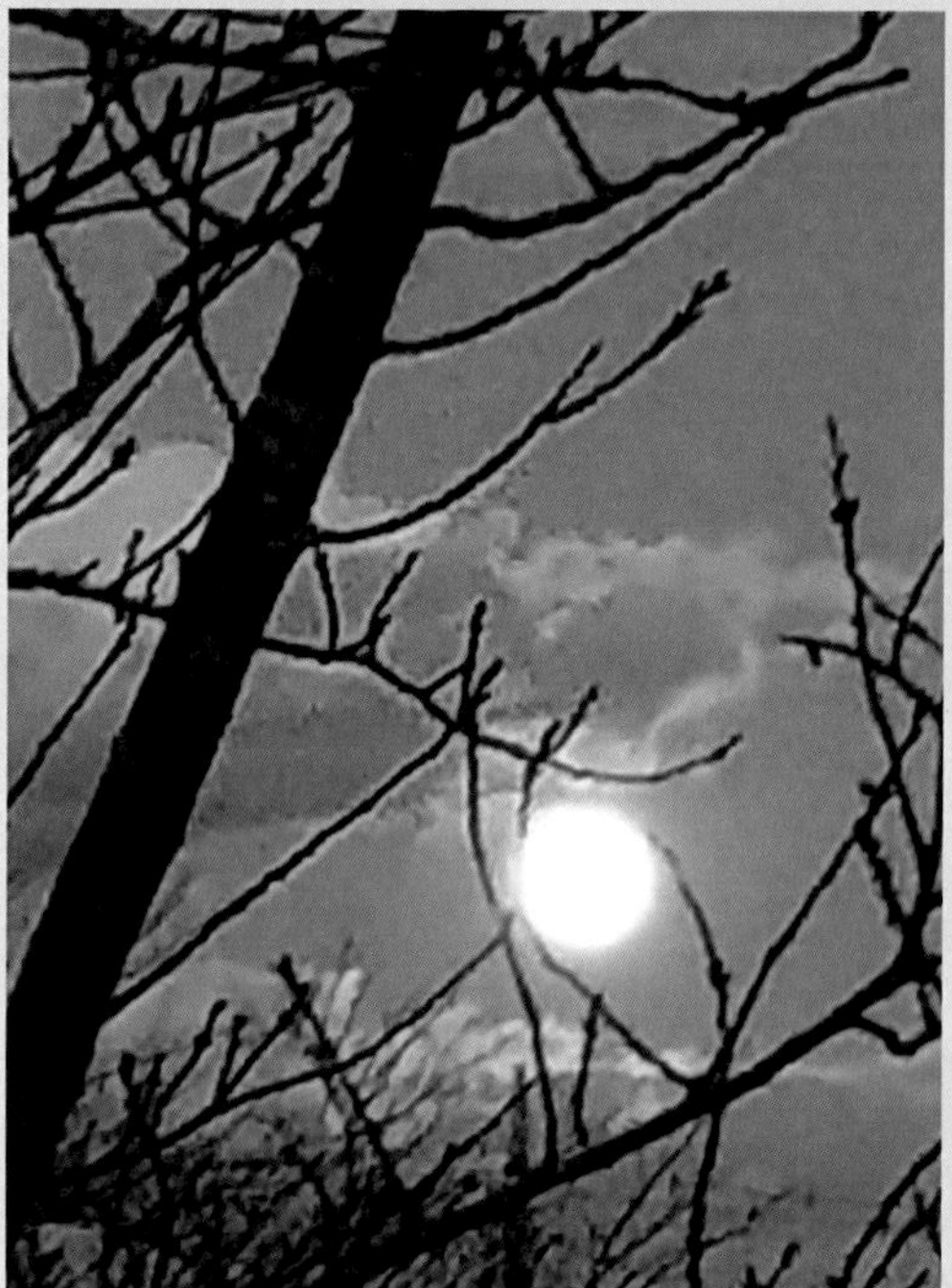

線に沿って丁寧に切り取ってください

龍雲の写真の説明

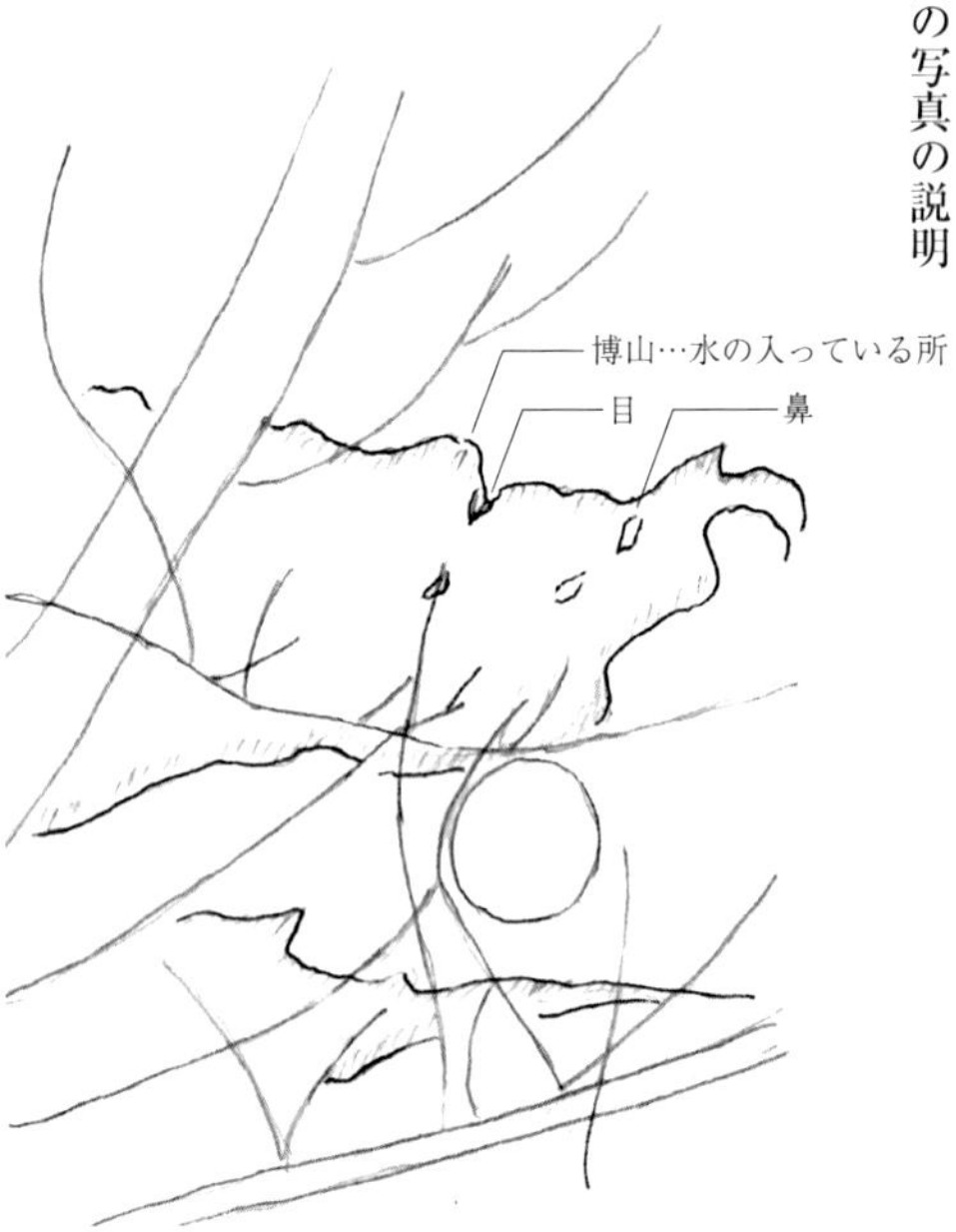